Ayant lu attentivement la totalité de ce cours d'hébreu biblique, nous n'aurions à dire que c'est méthodique. Toutes les leçons sont traitées d'une manière simple, récapitulative, évolutive, interdépendante mais essentiellement complète. Les exercices d'application, peu mais de qualité, et les vocabulaires rejoignant chaque leçon ainsi que le lexique, en constituent un atout.

En tant que professeur relève de Mme Eliette RANDRIANAIVO, j'en suis toujours reconnaissant par la grâce de Dieu. L'efficacité de ce cours m'impose encore son choix plus que tant d'autres. Je recommande vivement aux étudiants en théologie et aux professeurs d'acquérir ce livre : un outil qui nous est toujours utile.

Régis RAZAKAHARIVELO
Professeur de grammaire de l'hébreu biblique,
Institut Supérieur de Théologie Evangélique (ISTE)

Un cours clair, concis, logique et dont la progression est bien maîtrisée. Il reprend les principes d'enseignement de l'hébreu du professeur Henri BLOCHER et de moi-même, pratiqués à la FLTE de Vaux-sur-Seine. Nous avons pu nous rendre compte du bon niveau d'hébreu des anciens étudiants de l'ISTE qui ont suivi ce cours.

Bernard HUCK
Docteur et professeur honoraire,
Faculté Libre de Théologie Evangélique (FLTE)

COURS D'HÉBREU BIBLIQUE

Eliette RANDRIANAIVO

© Randrianaivo, Eliette 2015

Publié en 2015 par Langham Global Library,
Une marque de Langham Creative Projects

Langham Partnership
PO Box 296, Carlisle, Cumbria CA3 9WZ, UK
www.langham.org

ISBN:
978-1-78368-879-1 Hardback
978-1-78368-969-9 Paperback
978-1-78368-968-2 PDF

Tous droits réservés. La reproduction, la transmission ou la saisie informatique du présent ouvrage, en totalité ou en partie, sous quelque forme ou par quelque procédé que ce soit, électronique, mécanique, photographique, est interdite sans l'autorisation préalable de l'éditeur ou de la Copyright Licensing Agency.

British Library Cataloguing in Publication Data

Randrianaivo, Eliette, author.
  Cours d'Hebreu biblique.
  1. Hebrew language--Grammar. 2. Hebrew language--
  Textbooks for foreign speakers--French. 3. Bible--
  Language, style.
  I. Title
  492.4'82441-dc23

ISBN-13: 9781783689699

Composition: projectluz.com

Table des matières

Préface..vii

Avant-Propos...1

Leçon 1 : Introduction à l'hébreu biblique.................................3

Leçon 2 : Les signes massorétiques..8

Leçon 3 : Les lois syllabo-vocaliques....................................12

Leçon 4 : Le dagesh doux, le dagesh fort et le mappik....................15

Leçon 5 : La morphologie du nom..17

Leçon 6 : Les gutturales א ה ח ע (ר)....................................22

Leçon 7 : L'article défini...25

Leçon 8 : La conjonction de coordination וְ..............................29

Leçon 9 : Les cas ou les fonctions des noms (A)..........................32

Leçon 10 : Les cas ou les fonctions des noms (B).........................36

Leçon 11 : Les pronoms personnels isolés, Les pronoms démonstratifs proches......39

Leçon 12 : L'adjectif et ses usages......................................42

Leçon 13 : Le système verbal...45

Leçon 14 : Le verbe au QAL accompli......................................51

Leçon 15 : Les suffixes personnels des noms masculins singuliers.................54

Leçon 16 : Les suffixes personnels des noms féminins singuliers..........57

Leçon 17 : Les suffixes personnels des noms pluriels.....................59

Leçon 18 : Le verbe au QAL inaccompli....................................62

Leçon 19 : Le mode infinitif du QAL......................................65

Leçon 20 : Le mode volitif du QAL..68

Leçon 21 : Les flexions des noms – La 2ᵉ flexion.........................71

Leçon 22 : La 3ᵉ flexion : les noms ségolés..............................75

Leçon 23 : La 4ᵉ flexion : les participes................................80

Leçon 24 : La flexion des prépositions, des particules et des adverbes 83

Leçon 25 : Le vaw consécutif (ou conversif) וְ 89

Leçon 26 : Le Niphal 92

Leçon 27 : Le Piel 96

Leçon 28 : Le Pual 100

Leçon 29 : Le Hithpael 102

Leçon 30 : Le ה d'interrogation – Le ה de direction 106

Leçon 31 : Le Hiphil 109

Leçon 32 : Le Hophal 113

Leçon 33 : Les pronoms suffixés aux verbes 116

Leçon 34 : Les verbes à 1ʳᵉ gutturale 121

Leçon 35 : Les verbes à 2ᵉ gutturale 125

Leçon 36 : Les verbes à 3ᵉ gutturale 128

Leçon 37 : Les verbes faibles : « les פ״א et les ל״א » 130

Leçon 38 : Les verbes faibles : les פ״נ 135

Leçon 39 : Les verbes faibles : נָתַן et לָקַח 140

Leçon 40 : Les verbes faibles : les ע״ו et ע״י 145

Leçon 41 : Le verbe irrégulier בוֹא 154

Leçon 42 : Les verbes faibles : les ל״ה 157

Leçon 43 : Les ל״ה (suite) 164

Leçon 44 : Les verbes géminés ע״ע 167

Leçon 45 : Les verbes faibles : les פ״י 170

Leçon 46 : פ״י = פ״ו aux autres conjugaisons que le QAL 175

Leçon 47 : Les vrais פ״י et les פ״י assimilants 178

Lexique Hébreu – Français 182

Bibliographie 205

PRÉFACE

L'intérêt pour les langues de la Bible ne se dément pas depuis quelques décennies, il se renforce même ! Les nouveaux médias ont multiplié les possibilités d'accès à ces langues, notamment à l'hébreu, mais il faut posséder le matériel et savoir utiliser les nouvelles techniques mises à disposition. Il faut aussi se garder des leurres : la facilité d'accès, l'aspect ludique des présentations, l'illusion de la rapidité. Quant à l'acquisition d'une langue, surtout une langue ancienne comme l'hébreu, rien ne remplace **l'effort persévérant sur le long terme**.

Mais il y faut de la pédagogie. C'est le problème principal pour acquérir les premières notions d'hébreu et pénétrer dans le monde de la Bible hébraïque. C'est donc toujours avec enthousiasme que l'on découvre une nouvelle publication à ce sujet.

Le cours d'hébreu biblique de Madame Eliette RANDRIANAIVO n'innove pas considérablement mais se repose sur des valeurs sûres et qui ont fait leurs preuves sur des générations d'étudiants. La méthode a déjà été expérimentée avec succès à l'Institut Supérieur de Théologie Evangélique (ISTE) à Antananarivo – Madagascar, menant des étudiants jusqu'au Master en théologie. Elle est aussi celle qui a été pratiquée depuis de longues années à l'Institut biblique de Nogent et à la Faculté Libre de Théologie Evangélique (FLTE) de Vaux-sur-Seine en France. Elle a cependant été largement revisitée ! Elle en garde les principes de clarté et de logique, mais en les renforçant considérablement. La progression générale a été bien améliorée.

Il faut être reconnaissant de cette nouvelle publication au moment où une certaine tendance, malheureuse selon nous, pousserait à diminuer le temps et l'effort consacrés aux langues bibliques, notamment à l'hébreu dans la formation théologique. Rien ne remplacera **la maîtrise de cette langue** pour accéder aux textes originaux, comme aussi au monde où ils ont été produits !

Courage donc aux étudiants, cela en vaut la peine. Félicitations à Madame Eliette RANDRIANAIVO pour la mise au point de cette nouvelle publication, à laquelle nous souhaitons longue vie et fruits durables.

Les Mureaux, le 2 janvier 2014.

Bernard HUCK

AVANT-PROPOS

Je tiens tout d'abord à préciser que je ne suis pas une spécialiste de la langue hébraïque. Ce cours n'est pas une grammaire mais seulement un manuel pour l'apprentissage de l'hébreu biblique.

Comment ai-je été amenée à ce projet d'édition ? Lors de la fondation de l'Institut Supérieur de Théologie Evangélique (ISTE) en 2005 à Antananarivo – Madagascar, on m'a demandé d'assurer le cours d'Hébreu de la toute première promotion.

Quand il fallait préparer le cours, aucun ouvrage de grammaire hébraïque qui était sous ma main ne me satisfaisait. Alors, j'ai dû créer mon cours moi-même avec comme base le cours que j'ai reçu à la Faculté Libre de Théologie Evangélique de Vaux-sur-Seine – France en 1972 et en 1973 avec le professeur Henri BLOCHER. Celui-ci, de par sa logique, convenait bien à mon intelligence. Ses cours avaient toujours des explications ou des règles, si bien que je les retenais mieux. Les choses apprises par cœur sans raison ne me plaisent pas.

J'ai donc enseigné ce cours pour cinq promotions de suite (2005 à 2010) à l'ISTE. Je l'améliore chaque année à l'aide de nouveaux ouvrages qui me parviennent. Ensuite, je l'ai confié à Monsieur Régis RAZAKAHARIVELO, étudiant sortant de la première promotion qui, depuis quatre ans, le dispense pour les étudiants de 1re année (L1) à l'ISTE.

Ce cours d'hébreu biblique, composé de 47 leçons, a été conçu pour que les étudiants en faculté de théologie de 1re année aient une bonne base en grammaire. En 2e année, ils vont s'initier à la syntaxe et commencer à lire les textes bibliques de la Biblia Hebraica Stuttgartensia (BHS), pris dans divers genres littéraires. Ils ne peuvent prétendre faire de l'exégèse de l'Ancien Testament qu'en 3e et 4e années (L3 et M1 dans le système LMD).

Je suis particulièrement reconnaissante à Langham International (LI) qui, lors d'une consultation entre les responsables évangéliques des facultés et séminaires théologiques de l'Afrique francophone, à Nairobi – Kenya en mars 2012, a proposé l'éventuelle édition de ce cours.

Je voudrais également remercier Mlle Vonjitiana RASOAMBOLA, ancienne étudiante de l'ISTE et maîtrisant à la fois le français, l'anglais et l'hébreu, pour son dévouement dans la saisie de tout le manuscrit et dans toute correspondance avec LI.

Mon souhait est que cet ouvrage soit largement utilisé en Afrique et dans les Iles francophones, qu'il aide le plus grand nombre à accéder aux textes bibliques originaux et qu'ainsi il permette à nos futurs responsables spirituels de mieux connaître les pensées profondes de notre Seigneur.

Antananarivo, le 20 janvier 2014.

Eliette RANDRIANAIVO

Leçon 1

Introduction à l'hébreu biblique

I. L'hébreu

L'hébreu est la langue que Dieu a choisie pour se révéler aux hommes. Tout l'Ancien Testament est en hébreu sauf quelques passages écrits en araméen qui est la langue utilisée pour les documents officiels (dans Esdras et Daniel).

L'hébreu fait partie de la famille des langues **sémitiques**, mot venant de Sem qui est un des fils de Noé (Gn 10.1). Ces langues ont des caractères communs facilement discernables comme dans la famille des langues latines : le français, l'italien, l'espagnol, le portugais, le roumain.

Représentées pour la plupart dans le Proche-Orient, 2 000 ans avant Jésus-Christ, les langues sémitiques sont réparties en trois groupes (cf. carte ci-dessous) :

1. Le groupe Nord-Est : l'Akkadien subdivisé en deux dialectes : l'assyrien et le babylonien.

2. Le groupe Nord-Ouest qui comprend l'araméen, l'ougaritique, le cananéen et l'hébreu.

3. Le groupe Sud : arabe du nord (langue du coran), l'arabe du sud et l'éthiopien.

L'hébreu est la langue des Israélites depuis le temps d'Abraham. Il demeure en usage chez eux jusqu'après l'exil de Babylone (vers 500 av. J.-C.). Il est peu à peu remplacé, comme parler populaire, par l'araméen. Mais il reste utilisé comme **langue littéraire** pendant tout le Moyen Âge (vers 1000

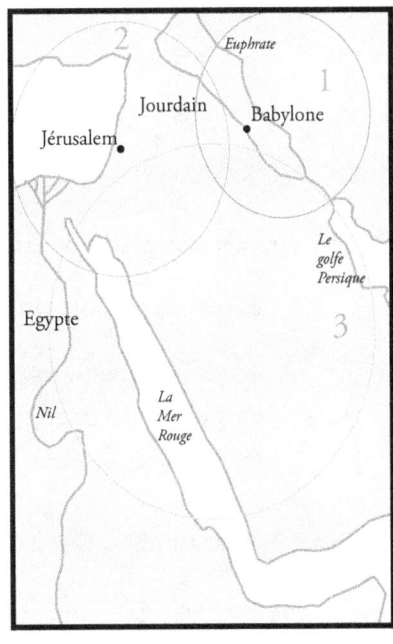

Carte du Proche-Orient Ancien

après J.-C.). L'hébreu parlé connaît une renaissance extraordinaire à la fin du XIXe siècle. L'hébreu moderne est pratiqué jusqu'à nos jours.

II. L'alphabet hébreu

L'hébreu s'écrit de **droite à gauche**.

Il possède un alphabet consonantique de **vingt-deux lettres** qui ne se relient pas entre elles. Il n'y a pas de voyelles, ni un signe de plus. C'est étrange pour nous mais les Israélites utilisèrent quatre consonnes pour marquer des sons vocaliques (י → i ; ו → ou ; ה ; א).

Les lettres ont plusieurs fois changé de forme au cours des siècles. Nous retenons l'alphabet carré de nos bibles imprimées (car les caractères peuvent, en général, s'inscrire dans un carré). Les lettres hébraïques peuvent servir de signes numériques.

III. Groupes de lettres présentant des caractéristiques particulières

1. **Les « bégadkéfat »** : le terme mnémotechnique désigne les six consonnes : בּ, גּ, דּ, כּ, פּ, תּ qui peuvent porter un point à l'intérieur appelé « **dagesh doux** » (ou léger).

    Dans ce cas, trois d'entre elles ont une prononciation explosive.

    b = בּ ←——— v = ב
    k = כּ ←——— h = כ
    p = פּ ←——— f = פ

    C'est en ajoutant les voyelles « é » et « a » à ces consonnes qu'on a formé le mot « bégadkéfat » בֶּגֶדכֶּפַת

2. **Les matres lectionis ou « mères de lecture » ou « guides de lecture »**

    Ce sont les consonnes qui peuvent perdre leur valeur consonantique et servir d'appui à une voyelle. Elles sont **quiescentes**, c'est-à-dire qu'on ne les prononce pas. Ce sont י, ו, ה, א.

3. **Les gutturales** : (ר) א ה ח ע

    Elles ont des propriétés particulières, entre autres : elles ne portent jamais de dagesh.

TABLEAU DE L'ALPHABET (d'après le tableau de Luc de Benoît)					
Nom	Représentation	Transcription	Prononciation	Remarques	Valeur numérique
aleph	א	א	( )	gutturale sourde non prononcée aujourd'hui	1
beth	בּ(ב)	ב	b (v)		2
ghimel	ג	ג	g	comme dans le français gare	3
daleth	ד	ד	d		4
hé	ה	ה	h	aspiré	5
wav	ו	ו	v	w anglais	6
zayin	ז	ז	z		7
heth	ח	ח	h	comme dans l'allemand hoch	8
teth	ט	ט	t		9
yod	י	י	y	français yoga	10
kaph	כּ(כ)ךf	כ ךf	k (h)	f = forme finale (en fin de mot)	20
lamed	ל	ל	l		30
mème	מ םf	מ םf	m	f = forme finale	40
noune	נ ןf	נ ןf	n	f = forme finale	50
samekh	ס	ס	s		60
ayin	ע	ע	(□ʿ)	gutturale sonore non prononcée aujourd'hui	70
pé	פּ(פ)ףf	פ ףf	p (f/ph)	f = forme finale	80
tsadé	צ ץf	צ ץf	ts	f = forme finale	90
qoph	ק	ק	q	= k	100
rèche	ר	ר	r	roulé	200
chine	שׁ / שׂ	שׁ שׂ	s/ch*	*français chat	300
tav	ת	ת	t		400

MODÈLES D'ÉCRITURE DE L'APHABET

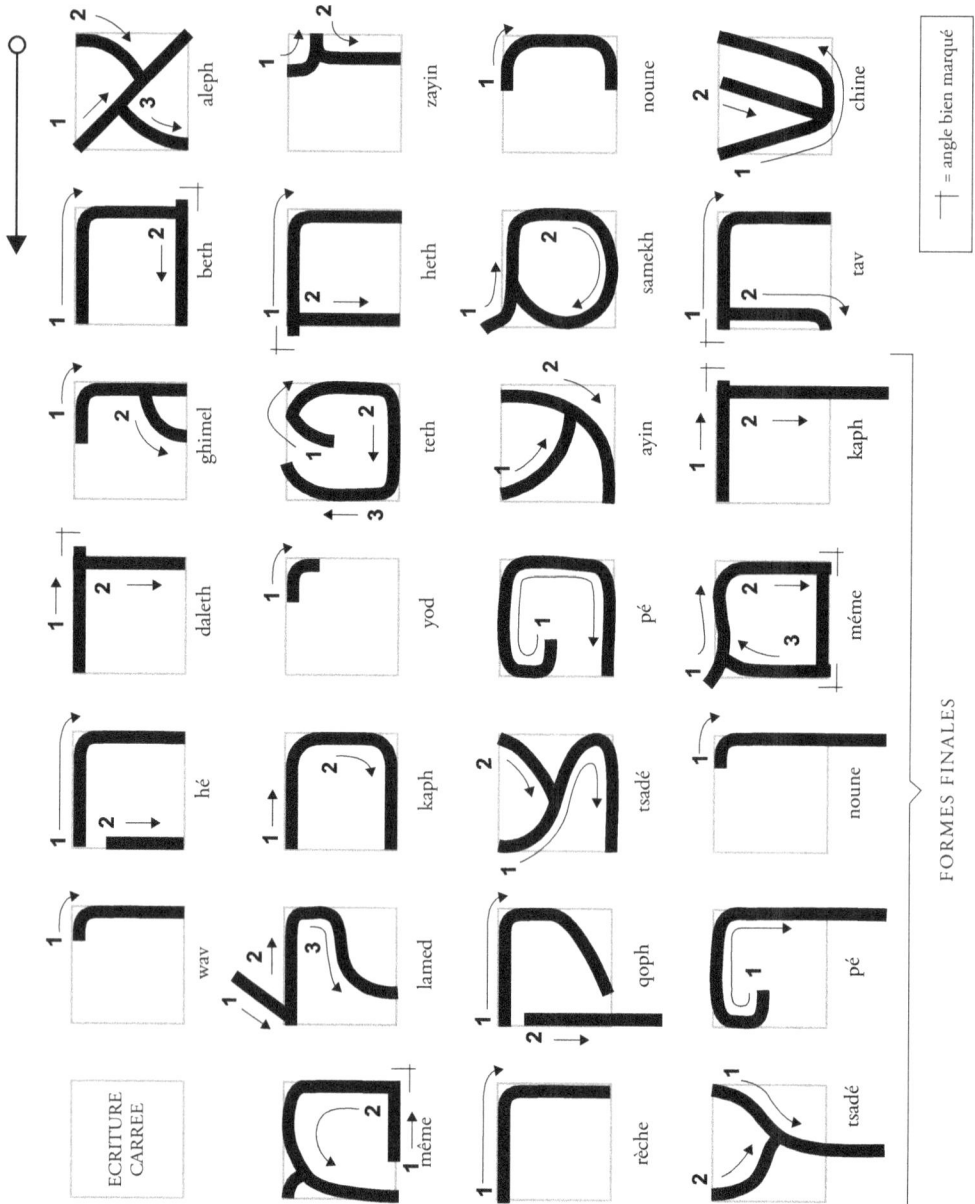

Exercices

- Apprendre par cœur l'Alphabet en prononçant à haute voix le nom des lettres.

- Recopier sur une feuille libre avec votre nom Genèse 1. 1–3 en notant uniquement les lettres de l'Alphabet.

- Tracer des carrés pour les vingt-deux lettres de l'Alphabet et pour les cinq formes finales. S'entraîner à les écrire suivant le sens du modèle.

Leçon 2

Les signes massorétiques

C'est vers le VIIe siècle de notre ère que les savants juifs, appelés les massorètes (de « massorah » = tradition), des écoles de Tibériade, ont inventé un système très complet d'écriture des voyelles. Cela permet de faire la distinction non seulement entre les différents sons vocaliques mais aussi entre les voyelles brèves et voyelles longues.

Pour ne pas toucher aux consonnes sacrées du texte inspiré, ils n'ont pas osé inventer des signes vocaliques de grandeur analogue aux consonnes. Ils se sont contentés d'ajouter des petits points et traits, placés surtout au-dessous des consonnes. Ces signes sont appelés « points-voyelles ».

I. Les voyelles

Aller au tableau d'ensemble des voyelles à la page 9.

Quelques remarques :

1. Le symbole □ représente n'importe quelle consonne de l'alphabet.

2. Dans un mot, une voyelle est toujours affectée à une consonne et une consonne ne peut porter qu'une seule voyelle.

3. La dernière lettre d'un mot est rarement vocalisée (Montrer un texte dans BHS).

II. Les chevas ou semi-voyelles

1. **Cheva simple**

    vocal « e »   0,5
    muet   0,2

2. **Cheva composé, coloré par une voyelle brève** 0,3

Ségol	ֱ	⟶	Hataph-ségol
Komets	ֳ	⟶	Hataph-komets
Patah	ֲ	⟶	Hataph-patah

TABLEAU D'ENSEMBLE DES VOYELLES			
Son	Longues	Courtes	Très courtes (demi-voyelles)
A	ָ (grand) qamats 1,5	ַ patah 1	ֲ hataph – patah 0,3
É	ֵ tséré ֵי tséré pleinement écrit	ֶ ségol	ֱ hataph – ségol
e			ְ cheva (simple **vocal**) 0,5
I	ִי hiriq pleinement écrit	ִ hiriq	
O	ֹ holam וֹ holam pleinement écrit	ָ petit qamats ou komets	ֳ hataph – komets
OU	וּ chourouq	ֻ qoubouts	

III. L'accent tonique

La plupart des mots hébreux sont fortement accentués. L'accent tonique est le plus souvent placé sur la **dernière syllabe** du mot.

Exemple : שָׁנָה גָדוֹל une grande année

Mais il se trouve quelquefois placé sur l'avant-dernière syllabe.

Exemple : יֶ֫לֶד un enfant

Dans ce cas, nous le signalerons par le signe ◌֫.

IV. Les quelques autres signes massorétiques

1. Le dagesh ◌ּ

   a. **Doux** (léger) qu'on trouve dans les « bégadkéfat ».
   b. **Fort** qui indique le redoublement de la consonne. On le trouve dans n'importe quelle consonne sauf dans les gutturales (ר et ע, ח, ה, א)

2. Le mappik

   Il ne se trouve que dans le ה final pour indiquer qu'il doit se prononcer.

   Exemple : סוּסָהּ son cheval

3. Le maqqef   ◌־◌

   Sorte de trait d'union qui relie étroitement deux mots entre eux.

   Exemple : מַה־טּוֹב qu'il est bon !

4. Le méteg   ◌ֽ

   Une sorte de frein (pour faire attention)

   Exemples :   חָכְמָה sagesse – hokma ◌ָ komets, se prononce « o »

   חָֽכְמָה elle était sage ◌ָ qamats gadol, se prononce « a »

5. Le sillouq   ◌ֽ

   Écrit comme le méteg, sous la syllabe tonique du dernier mot de chaque verset.

   Exemple : Genèse 1.1

   בְּרֵאשִׁית בָּרָא אֱלֹהִים אֵת הַשָּׁמַיִם וְאֵת הָאָֽרֶץ׃

6. L'etnah ou atnah ▢ (= pause)

   Il divise le verset en deux parties et est placé sous la syllabe tonique du dernier mot du demi-verset.

   Exemple : Voir Genèse 1.1

7. Le zaqef qatane ▢

   C'est un signe disjonctif qui marque une petite pause logique, l'équivalent d'une virgule en français.

8. Le mounah ▢ accent conjonctif qui joint deux mots formant une unité.

9. Le sof-passouk signifiant « fin du verset » :▢

Quelques remarques

1. Les livres de Job, des Psaumes et des Proverbes présentent un autre système d'accentuation.

2. Les petits cercles ou astérisques sur certains mots ne sont pas des accents de lecture mais renvoient à des notes massorétiques en marge ou en bas de page.

Exercices

- Apprendre par cœur le tableau des voyelles.

- Lire à haute voix les noms propres suivants. Puis copiez-les et transcrivez-les en caractères latins :

רָחֵל יִשְׂרָאֵל אָדָם אַבְרָהָם יְרוּשָׁלַיִם יִצְחָק בִּנְיָמִין לוֹט
לָבָן יוֹסֵף לֵאָה נַפְתָּלִי דָן זְבוּלֻן לֵוִי שִׁמְעוֹן שָׂרַי הָגָר
יִשְׁמָעֵאל יַעֲקֹב :

- Ajouter les points voyelles et lire à haute voix ces versets de Genèse 1.1-3.

Leçon 3

Les lois syllabo-vocaliques

I. Les syllabes

La syllabe est l'élément d'un mot constitué par un son vocalique et une ou deux consonnes.

La 1re porte le son vocalique ☐

La 2e consonne peut se rajouter ☐ ☐
                                          2e   1re

D'où le nom de :

1. syllabe fermée (terminée par une consonne)

   Exemples : יָד   main   f

   מִדְבָּר   désert   ff $1 \leq sf \leq 1{,}5$

   cheva muet ↗

2. syllabe ouverte (terminée éventuellement par une lettre quiescente).

   Exemples : כִּי   car, que   o

   תּוֹרָה   loi   oo $0{,}5 \leq so \leq 1{,}5$

II. Division d'un mot en syllabe

Elle est un problème épineux qui a donné lieu à des descriptions grammaticales divergentes. Notre méthode est celle du Professeur Henri Blocher de Vaux-sur-Seine.
     Comment divise-t-on un mot en syllabe ?

On commence par la fin du mot et on s'arrête au 1ᵉʳ son vocalique rencontré avec la consonne qui le porte. L'élément ainsi isolé est la dernière syllabe du mot. Puis on continue.

Exemples : דָּ|בָר   parole

צְ|דָ|קוֹת   lois justicières

III. Règle du cheva

1ʳᵉ loi : Tout cheva sous la première lettre d'un mot est **vocal**.

Exemple : דְּ|בָ|רִים des paroles

2ᵉ loi : Deux chevas de même nature ne peuvent pas se suivre immédiatement. Quand deux chevas se suivent, le 1ᵉʳ est muet, le 2ᵉ est vocal.

Exemple : יִקְטְלֵנִי il me tuera
cheva vocal   cheva muet

IV. Les mutations vocaliques

Dans tout mot hébreu indépendant, il existe une syllabe tonique, celle qui porte l'accent tonique, bien souvent la dernière ou l'avant-dernière syllabe. C'est en fonction de :

1. la place de la syllabe par rapport à la syllabe tonique

2. et de la nature de la syllabe (ouverte ou fermée)

qu'on peut déterminer les voyelles (brèves – longues – cheva vocal) sous les consonnes.

TABLEAU DES MUTATIONS VOCALIQUES			
Nature de la syllabe \ Place de la syllabe	Tonique	Prétonique Immédiatement avant	Autre position
O (uverte)	Voyelle brève ou longue ≥ 1	Voyelle longue = 1,5	Cheva vocal = 0,5
F (ermée)	Voyelle brève ou longue ≥ 1	Voyelle brève = 1	

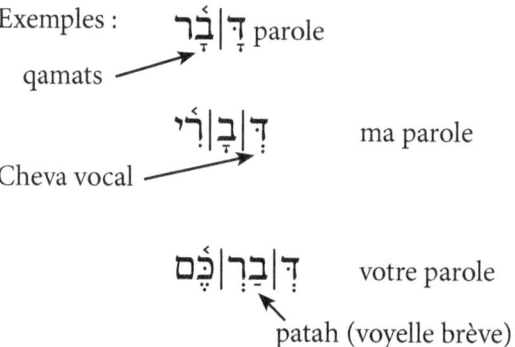

Exemples : דָּ|בָר parole — qamats

דְּ|בָ|רִי ma parole — Cheva vocal

דְּ|בַר|כֶם votre parole — patah (voyelle brève)

Après ces sept lois syllabo-vocaliques, il y a une **8ᵉ loi** :

Lorsqu'au cours d'un déplacement d'accent, deux syllabes ouvertes consécutives voient leurs voyelles réduites en cheva vocal, elles fusionnent pour former une seule syllabe fermée pointée hiriq (i) dans le cas habituel.

Exemple : דְּ|בְ|רֵי|כֶם   דִּבְ|רֵי|כֶם vos paroles — cheva muet

Exercices

- Bien comprendre et apprendre les huit lois syllabo-vocaliques.

- Diviser en syllabes les vingt noms propres de la leçon précédente, recopier et indiquer à chaque fois les syllabes ouvertes (o), les syllabes fermées (f) ainsi que les différents chevas (vocal - v, muet - m, composé - c)

- Diviser en syllabes Genèse 1. 1–3.

Leçon 4

Le dagesh doux, le dagesh fort et le mappik

I. Le dagesh doux (ou léger)

Se trouve uniquement dans les « bégadkefat » בּ גּ דּ כּ פּ תּ, pour durcir la prononciation.

1. Au commencement d'un mot

גָּדוֹל grand

בַּיִת maison

Sauf s'il y a une liaison particulière avec le mot précédent et que celui-ci se termine par une voyelle longue.

Genèse 1.2

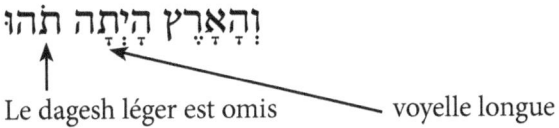

Le dagesh léger est omis ⟶ voyelle longue

2. À l'intérieur d'un mot et précédé en général d'une syllabe fermée

מִשׁ|פָּט jugement
⟵ cheva muet

מִשׁ|כָּן demeure, tabernacle

Autrement dit : **le dagesh ne suit jamais une syllabe ouverte.**

Exemple : מִדְ|בָּר désert

II. Le dagesh fort

Il peut se trouver dans n'importe quelle consonne **sauf** dans les gutturales (א ה ח ע ר).

Dans dix-sept consonnes dont les « bégadkéfat », on peut trouver des dagesh fort pour indiquer le **redoublement de la consonne**.

1. Le dagesh se trouve normalement à l'intérieur d'un mot.

    Exemples : צַדְדִיק ← צַדִּיק   juste

    הִנְנַה ← הִנֵּה   voici

    גִבבוֹר ← גִּבּוֹר   guerrier

2. Il arrive que le dagesh fort soit placé au début d'un mot dans certaines expressions.

    Dans ce cas, il est appelé **dagesh conjonctif**.

    Exemple : מַה־טּוֹב   Qu'il est bon !

    ↑
    Maqqef

III. Le mappik

C'est aussi un ☐ qui ne se trouve que dans le ה final pour indiquer qu'il doit se prononcer.

Exemple : סוּסָהּ (son cheval, possesseur de la 3ᵉ personne du féminin singulier)

Exercices

- Lire Genèse 1. 5, 10. Les recopier et diviser en syllabes.

- Recopier les mots suivants et distinguer les dagesh et le mappik à l'aide des lettres L (léger), F (fort) et M (mappik) placées au-dessus du mot :

    חֻקָּה מִשְׁפָּט הַמֹּשֶׁה בְּרִית אַשּׁוּר חִזְקִיָּהוּ אַתָּה צִיּוֹן
    בָּנָה כִּסֵּא :

- Diviser ces mots en syllabes en précisant si elles sont ouvertes ou fermées.

Leçon 5

La morphologie du nom

En linguistique, la morphologie par définition est l'étude de la formation, de la structure des mots et des variations de leurs formes.

I. Généralités

Le nom, en grammaire hébraïque, comprend non seulement le substantif mais encore l'adjectif au sens large, comprenant les noms verbaux comme les infinitifs et les participes.

D'une façon générale, la racine du verbe sémitique est composée de trois (3) consonnes qu'on appelle racine trilittère. Et les noms en dérivent par :

1. **Simple changement de voyelle**

    דָּבַר (parler) ⟶ דָּבָר (parole)

    מָלַךְ (régner) ⟶ מֶלֶךְ (roi)

2. **Contraction**

    לוּץ (se moquer) ⟶ לֵץ (moqueur)

3. **Adjonction préformante et afformante**

    מָלַךְ (régner) ⟶ מַמְלָכָה (royaume)

    שׁוּב (retourner) ⟶ תְּשׁוּבָה (retour)

II. Les genres

En hébreu, il existe deux genres, le **masculin** et le **féminin**. Le féminin prend la relève du neutre. Comment les marque-t-on ?

Féminin :

1. par la terminaison הָ (le ה est quiescent et le qamats est accentué) ou הָ֫ (syllabe tonique).

Exemples :

אִישׁ (homme)　　　　　　אִשָּׁה (femme)

סוּס (cheval)　　　　　　סוּסָה (jument)

Remarque : Le nom תּוֹרָה (la loi) est féminin mais לַיְלָה (nuit) est du masculin car la syllabe לָה n'est pas accentuée. Cf. Genèse 1.5 où il y a l'etnah.

2. Sont au féminin aussi les noms des parties du corps qui vont par deux.

יָד (main)　　　　　　אֹזֶן (oreille)　　　　　　רֶגֶל (pied)

3. Certains noms de villes et de pays sont aussi au féminin.

אֶרֶץ (pays)　　　　　　יְרוּשָׁלַיִם (Jérusalem)　　　　　　עִיר (ville)

Dans les autres cas, on a recours au dictionnaire pour voir le genre du nom. D'ailleurs, il y a beaucoup de mots qui sont des deux genres.

Exemples :

עֵת (temps, époque)　　　　　　צָפוֹן (nord)

נֶפֶשׁ (souffle, âme)　　　　　　עַם (peuple)

En hébreu **féminin** se dit נְקֵבָה et s'écrit נ'.

III. Les nombres

En hébreu, il existe trois nombres : le singulier, le pluriel et le duel (chaque fois qu'il y a une paire essentielle.)

1. Le **singulier** n'a pas de marque particulière mais se dit יָחִיד et s'écrit י׳.

2. Le **pluriel** se distingue par sa terminaison :

   - En masculin pluriel ים◌ où le י est quiescent.

   סוּס   ⟶   סוּסִים (des chevaux)

   יָשָׁר   ⟶   יְשָׁרִים (des justes)

   - En féminin pluriel : וֹת

   סוּסָה   ⟶   סוּסוֹת (des juments)

   יְשָׁרָה   ⟶   יְשָׁרוֹת (des justes)

Il y a des **exceptions** ou des pluriels irréguliers :

אָב (père)   ⟶   אָבוֹת (des pères)

אִשָּׁה (femme)   ⟶   נָשִׁים (des femmes)

Encore une exception : לַיְלָה (nuit) qui est du **masculin** qui se dit זָכָר et qui s'écrit ז׳, a un pluriel irrégulier לֵילוֹת

En hébreu **pluriel** se dit רַבִּים et s'écrit ר׳.

3. Le **duel** (qui indique des paires essentielles) se distingue par sa terminaison en ◌ַיִם

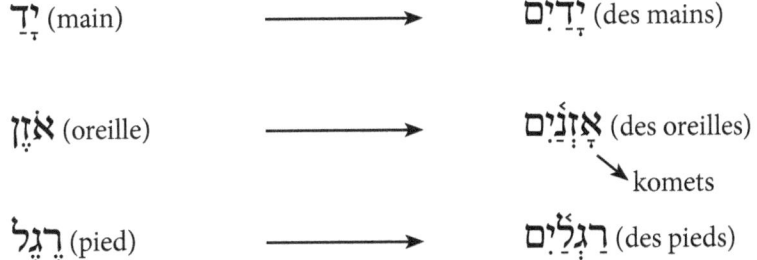

יָד (main)   ⟶   יָדַיִם (des mains)

אֹזֶן (oreille)   ⟶   אָזְנַיִם (des oreilles)
                                                ↘ komets

רֶגֶל (pied)   ⟶   רַגְלַיִם (des pieds)

Remarques finales

Les exceptions aux règles précédentes sont nombreuses en hébreu. Le genre et le pluriel des noms vous seront donnés au fur et à mesure de l'étude de la langue.

Rappel : Les quatre abréviations suivantes seront employées dans les listes de vocabulaire.

1. Masculin : ז'

2. Féminin : נ'

3. Singulier : י'

4. Pluriel : ר'

Exercice

Mettre au féminin singulier, au masculin pluriel et au féminin pluriel les six mots suivants, sous forme de tableau si possible :

יָשָׁר (droit), חָדָשׁ (nouveau), חָזָק (fort), טוֹב (bon), גָּדוֹל (grand), רַע (mauvais).

Vocabulaire

père	אָב ו' אָבוֹת
oreille	אֹזֶן נ' אָזְנַיִם
homme	אִישׁ ז' אֲנָשִׁים
vérité	אֱמֶת נ'
terre, pays	אֶרֶץ נ' אֲרָצוֹת
feu	אֵשׁ נ'
femme	אִשָּׁה נ' נָשִׁים
maison	בַּיִת ז' בָּתִּים
alliance	בְּרִית נ'
fille	בַּת נ' בָּנוֹת
grand	גָּדוֹל
mâle (masculin)	זָכָר
nouveau	חָדָשׁ
fort	חָזָק
bon	טוֹב
main	יָד נ' יָדַיִם
unique (singulier)	יָחִיד
vin	יַיִן ז'
Jérusalem	יְרוּשָׁלַיִם
droit	יָשָׁר

Leçon 6

Les gutturales (ר) ע ח ה א

Les gutturales ont un comportement et des exigences qui sont résumés par les sept règles suivantes.

1. **Les gutturales ne peuvent être redoublées (elles ne portent jamais de dagesh fort). Que font-elles ?**

    - א et ר compensent par **l'allongement de la voyelle précédente**.

        Exemple : l'homme הָאִישׁ ⟶ article défini   הַ ⟵ Dagesh fort

    - ה et ח ne compensent pas. Le dagesh est implicite.

        Exemple : la grâce בַּחֵן ⟶ pas de dagesh

2. **Les gutturales ne supportent pas un cheva vocal. Elles les colorent (en ◌ֲ et parfois en ◌ֱ)**

    Exemple : sage חָכָם (adjectif)   חֲכָמִים (sages)

3. **Les gutturales colorent généralement leurs chevas muets.**

    Exemple : יַקְטִיל (3ᵉ masculin singulier, hiphil inaccompli) ⟶ il fera tuer
    ↓ ↘ cheva muet

    יַעֲמִיד au hiphil inaccompli « il placera » (עָמַד au Qal accompli « se tenir debout »).

4. **Les gutturales colorent de façon correspondante le choix vocalique dans la formation d'une syllabe fermée à partir de deux (2) chevas vocaux. (cf. 8ᵉ loi syllabo-vocalique)**

   Exemple : à des hommes

   לְ|אֲ|נָ|שִׁים ⟶ לַאֲנָשִׁים
   { Fusion }   prend la couleur

5. **Les gutturales changent leur cheva composé en voyelle brève quand il est suivi d'un autre cheva.**

   Exemple : 3ᵉ masculin pluriel, Qal inaccompli « ils tueront »   יִקְטְלוּ

   cheva vocal   cheva muet

   יַעֲמְדוּ ⟶ יַעַמְדוּ   (ils se tiendront debout)

6. **Les gutturales introduisent en final un *patah furtif* pour faciliter leur prononciation.**

   Exemple : Genèse 1.2 וְרוּחַ (on prononce d'abord le « a » avant le ח « rouach »)
   ⟶ et l'esprit de Dieu (vent)

7. **Les gutturales ont une préférence pour la voyelle patah (◌ַ)**

   Exemple : garçon, serviteur נַעַר

Exercice

Apprendre par cœur les sept règles, sans nécessairement retenir les exemples.

Vocabulaire

chérubin	כְּרוּב ז׳
nuit	לַיְלָה ז׳ לֵילוֹת
eau	מַיִם ו׳ ר׳
jugement, droit	מִשְׁפָּט ז׳
souffle, âme	נֶפֶשׁ נ׳ ou ו׳ נְפָשׁוֹת
femelle (féminin)	נְקֵבָה
ville	עִיר נ׳ עָרִים
peuple	עַם ז׳ ou נ׳ עַמִּים
arbre	עֵץ ז׳
temps, époque	עֵת נ׳ ou ו׳ עִתִּים
nord	צָפוֹן נ׳ ou ז׳
voix	קוֹל ז׳ קוֹלוֹת
nombreux	רַבִּים
mauvais	רַע
pied	רֶגֶל נ׳ רַגְלַיִם
table	שֻׁלְחָן ז׳ שֻׁלְחָנוֹת
nom	שֵׁם ז׳ שֵׁמוֹת
année	שָׁנָה נ׳ שָׁנִים
loi	תּוֹרָה נ׳

Leçon 7

L'article défini

I. Règle générale

En hébreu, il n'existe pas d'article indéfini (un, une, de, . . .), on emploie le mot tel quel.

Il n'existe pas non plus plusieurs articles (le, la, les).

Il y a seulement l'article défini qui n'est pas séparé du mot mais qui est *un préfixe accolé au mot*.

Exemple : הַמֶּלֶךְ le roi   dagesh fort ⟶ הַ◌

un livre סֵפֶר ⟶ הַסֵּפֶר (le livre)

II. Règle particulière avec les gutturales

Si le mot commence par une gutturale (א, ה, ח, ע, ר) qui ne peut porter un dagesh fort, qui ne peut être redoublée, la voyelle ◌ַ « patah » de l'article peut s'allonger en ◌ָ « qamats » ou se transformer en ◌ֶ « ségol » ou encore se maintenir telle quelle. Cela dépend de la nature de la gutturale et du son vocalique porté par cette gutturale.

Cours d'hébreu biblique

TABLEAU DES SONS VOCALIQUES SOUS LE ה DE L'ARTICLE				
Son vocalique de la gutturale / Nature de la gutturale	« a » qamats ָ	« a » accentué ַ	« o » (hataph komets) ֳ	Autres
א	ָ	ָ	ָ	ָ
ר	ָ	ָ	ָ	ָ
ע	ֲ	ָ	ָ	ָ
ה	ֲ	ָ	-	-
ח	ֲ	ֲ	ֲ	-

sous le ה de l'article

Exemples :

Avec un mot commençant par :

1. **א ou ר, en principe il y a allongement de la voyelle précédente (cf. les gutturales/compensation)**

    Exemples :   un homme אִישׁ ⟶ l'homme הָאִישׁ

    un pied רֶגֶל ⟶ le pied הָרֶגֶל

2. **Avec ע, voir le tableau**

    Exemple : une ville עִיר ⟶ la ville הָעִיר ⟶ les villes הֶעָרִים

    ↘ qamats non accentué

3. **Avec ה**

    Exemple : un malheur הֹוֶה ⟶ le malheur הַהֹוֶה

4. Avec ה

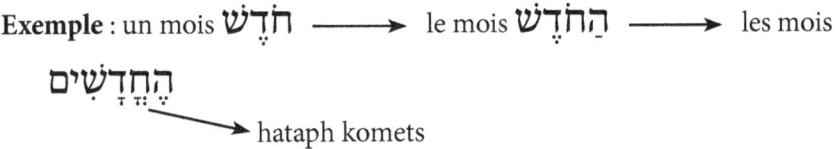

Exemple : un mois חֹדֶשׁ ⟶ le mois הַחֹדֶשׁ ⟶ les mois הֶחֳדָשִׁים ⟶ hataph komets

III. Exceptions (à apprendre par cœur)

Les cinq mots suivants changent leur première voyelle en ָ sous l'influence de l'article.

(pays, terre) אֶרֶץ	⟶	(le pays, la terre) הָאָרֶץ
(peuple) עַם	⟶	(le peuple) הָעָם
(montagne) הַר	⟶	(la montagne) הָהָר
(taureau) פַּר	⟶	(le taureau) הַפָּר
(coffre) אָרוֹן	⟶	(le coffre) הָאָרוֹן

IV. Remarque

Lorsqu'un nom est défini, ses déterminants (adjectifs, participes) le sont aussi et se placent après le nom.

Exemple : le grand roi (littéralement : le roi le grand)

הַמֶּלֶךְ הַגָּדוֹל

Exercice

Préfixer l'article défini aux cinq mots suivants : אֶרֶץ, בַּיִת, עֲתָאָב, צְדָקָה

Vocabulaire

Abraham	אַבְרָהָם
je, moi	אֲנִי
coffre, arche	אָרוֹן ז׳ ou נ׳
tu, toi (masculin)	אַתָּה ז׳
fils	בֵּן ז׳ בָּנִים
peuple, nation	גּוֹי ז׳ גּוֹיִם
David	דָּוִד
Dan	דָּן
un malheur	הֹוָה נ׳
montagne	הַר ז׳ הָרִים
mois	חֹדֶשׁ ז׳ חֳדָשִׁים
bienveillance, bonté, grâce	חֶסֶד ז׳
Juda	יְהוּדָה
jour	יוֹם ז׳ יָמִים
enfant	יֶלֶד ז׳ יְלָדִים
Isaac	יִצְחָק
agneau	כֶּבֶשׂ ז׳ כְּבָשִׂים
lettre, livre	סֵפֶר ז׳ סְפָרִים
taureau	פַּר ז׳ פָּרִים

Leçon 8

La conjonction de coordination וְ

I. Règle générale

En hébreu, la conjonction de coordination « et » se rend par **le préfixe** וְ (cheva vocal) qui est accolé au mot qui le suit.

Exemple : דָּוִד וְשָׁאוּל (David et Saül)

Remarque : Lorsque le וְ est préfixé à un mot commençant par un bégadkéfat (ב, ג, ד, כ, פ, ת), le dagesh léger tombe :

- *puisque cette lettre n'est plus la première du mot.*

Exemple : Saül et David   שָׁאוּל וְדָוִד

- *Et elle n'est pas précédée d'une syllabe fermée.*

II. Règles particulières

La vocalisation de la conjonction de coordination וְ change dans les quatre cas suivants :

1. Le וְ devient וּ (chourouq, voyelle longue)

    a. Devant une **labiale** comme ב, ו, מ et פ qui forment le mot בּוּמָף (boumaf) pour nous aider à les retenir.

    Exemple : un homme et un roi   אִישׁ וּמֶלֶךְ

b. Devant une consonne vocalisée d'un **cheva vocal**

   Exemple : Saül et Samuel שָׁאוּל וּשְׁמוּאֵל

2. Le וְ devient וִ devant un mot commençant par יְ dans ce cas le י perd son cheva et devient quiescent (muet) cf. règle n°8.

   Exemple : justes et droits צַדִּיקִים וִישָׁרִים

3. Devant une gutturale affectée d'un cheva composé, le וְ prend la voyelle qui compose ce cheva composé.

   Exemple : bienveillance et vérité חֶסֶד וֶאֱמֶת

   toi et moi אַתָּה וַאֲנִי

4. Il arrive aussi que le וְ soit vocalisé וָ (qamats) quand deux mots analogues sont étroitement associés et forment un groupe.

   Exemple : nuit et jour לַיְלָה וָיוֹם

Exercice

Vocaliser la conjonction de coordination dans les expressions suivantes et traduire tout en français.

1) אַבְרָהָם וְיִשְׁמָעֵאל :

2) לֶחֶם וּמַיִם :

3) עֵינַיִם וְאָזְנַיִם :

4) בָּנִים וּבָנוֹת :

5) מֶלֶךְ וַאֲנָשִׁים :

6) עַמִּים וּמְלָכִים :

7) יְהוּדָה וִירוּשָׁלַיִם :

Vocabulaire

miel	דְּבַשׁ ז׳
prêtre	כֹּהֵן ז׳ כֹּהֲנִים
vigne, vignoble	כֶּרֶם ז׳ כְּרָמִים
pain, nourriture	לֶחֶם ז׳
roi	מֶלֶךְ ז׳ מְלָכִים
œil	עַיִן נ׳ עֵינַיִם
nuage, nuée	עָנָן ז׳ עֲנָנִים
peau	עֹר ז׳ עֹרוֹת
juste	צַדִּיק
droiture, justice	צְדָקָה נ׳
mur	קִיר ז׳ קִירוֹת
Saül	שָׁאוּל
champ, campagne	שָׂדֶה ז׳ שָׂדוֹת
paix	שָׁלוֹם ז׳
Samuel	שְׁמוּאֵל
Samarie	שֹׁמְרוֹן

Leçon 9

Les cas ou les fonctions des noms (A)

1. **Le nominatif ou sujet**

2. **Le vocatif ou interpellation**

   Le nom se place après le verbe généralement.

3. **L'accusatif ou COD**

   - Si le mot est **indéfini**, alors il se place après le sujet.

     Exemple : סוּס   הָאִישׁ   רָאָה

     un cheval   l'homme   a vu

   - Si le mot est **défini**, l'accusatif est annoncé par la particule אֵת

   - Ou séparé du mot

   - Ou lié au mot par un trait d'union (maqqef) et le tséré devient seggol אֶת־

     Exemple : הַסּוּס   אֵת   הָאִישׁ   רָאָה

     { le cheval   l'homme   a vu

               ou

       אֶת־הַסּוּס

4. Le datif ou cas obliques : Complément d'objet indirect, compléments circonstanciels de lieu, de temps, d'instrumental…

Pour exprimer le datif, on utilise en hébreu les prépositions בְּ, לְ, כְּ qui sont préfixés au nom et ont les sens suivants :

a) בְּ = à (locatif sans mouvement) ; dans, en, sur ; avec, par (instrumental) comme ἔν en grec,

b) לְ = à (directionnel), vers, pour comme εἰς en grec

c) כְּ = comme (comparatif) ou pendant que (temporel) comme ὡς en grec

Exemple : בְּבַיִת (dans une maison)

Exemple : לְאֶרֶץ (vers un pays)

Exemple : כְּאִישׁ (comme un homme)

בְּיִצְחָק (par Isaac)

Vocalisation des prépositions בְ, לְ, כְ

a. Si le mot auquel elles doivent se préfixer commence par un cheva vocal, on applique la règle 8 (deux syllabes ouvertes pointées cheva vocal fusionnent pour former une seule syllabe fermée pointée hiriq)

Exemple : par des paroles   בִּדְבָרִים ⟵ בְּדְבָרִים

b. Si le mot commence par un article, le הַ est avalé et la préposition prend son son.

Exemples : par les paroles בַּדְבָרִים ⟵ בְּהַדְבָרִים

dans la ville בָּעִיר ⟵ בְּהָעִיר

5. L'ablatif est le cas de la provenance (comme ἔκ en grec)

En hébreu, on le rend par la préposition מִן qui peut se traduire par « **de, à partir de, hors de, venant de** … »

On peut l'utiliser séparément du mot.

Exemple : מִן מֶלֶךְ (d'un roi)

Mais souvent, on l'utilise sous forme d'un préfixe, le ן est assimilé et on introduit un dagesh fort dans la première consonne du mot (מִם) [מִמֶּלֶךְ]

dagesh fort

Lorsque la première lettre du mot est une gutturale, le hiriq de מִן s'allonge en tséré.

Exemple : d'une ville מֵעִיר

Exercices

1. Version (traduire en français)

א - שָׁמַע הָאָדָם אֶת־הַקּוֹל בַּגַּן:

ב - גָּדוֹל הָאִישׁ מֹשֶׁה בָּאָרֶץ:

2. Thème (traduire en hébreu)

Dieu donne aux (hommes) droits un pays comme un jardin et il frappe les grands et il fait sortir les méchants du pays.

Vocabulaire

homme	אָדָם ז׳
terre	אֲדָמָה נ׳
aussi, même	גַּם
jardin	גַּן ז׳ ou נ׳
parole, chose	דָּבָר ז׳ דְּבָרִים
il fait sortir	הוֹצִיא
force, armée	חַיִל ז׳
savoir, connaître	יָדַע
sortir	יָצָא
trône, siège	כִּסֵּא ז׳ כִּסְאוֹת
autel	מִזְבֵּחַ ז׳ מִזְבְּחוֹת
il frappe	נָגַע + ב
donner, livrer, mettre	נָתַן
cheval	סוּס ז׳
jusque, jusqu'à	עַד
Sion	צִיּוֹן
voir	רָאָה
demeurer, séjourner	שָׁכַן
là, y, en cet endroit	שָׁם
entendre, écouter	שָׁמַע
juger, décider, faire justice	שָׁפַט

Leçon 10

Les cas ou les fonctions des noms (B)

Le cas génitif qui exprime une idée de possession, d'appartenance, est rendu en hébreu par **l'état construit**.

Au départ, il y a deux notions propres, indépendantes. [deux noms définis, au masculin singulier]

Exemple :

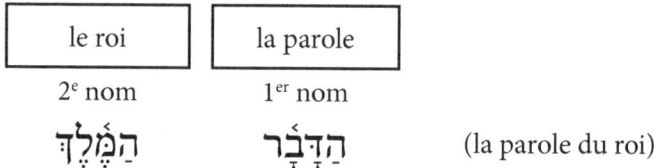

Le premier nom (parole) perd son indépendance, il devient le **possédé** et sur le plan phonétique, cela s'exprime par la **suppression de l'accent** et **de l'article**. (Ses voyelles pourront alors se trouver modifiées).

Le deuxième nom qui est le **possesseur** reste tel qu'il est. Ainsi « la parole du roi » se traduit par :

הַדְּבַר הַמֶּלֶךְ

Le premier mot est dit à **l'état construit**, à distinguer de l'état ordinaire ou **absolu**.

Autres considérations :

1. On ne peut intercaler aucun autre mot entre le possédé (1ᵉʳ mot) et le possesseur (2ᵉ mot). Si le possédé a un adjectif, on le place après.

   Exemple : le bon cheval du roi סוּס הַמֶּלֶךְ הַטּוֹב

2. Si le premier mot est indéfini, on ne peut pas employer l'état construit. On a recours au datif.

   Exemple : un cheval du roi סוּס לַמֶּלֶךְ (le ה est avalé et le ל prend son son vocalique)

3. Si le possédé est autre que le masculin singulier.

   ➢ *Féminin singulier* : הָ◌ ⟶ ת◌

   Exemple : la jument du roi   סוּסָה הַמֶּלֶךְ ⟶ סוּסַת הַמֶּלֶךְ

   la justice du roi   צְדָקָה הַמֶּלֶךְ ⟶ צִדְקַת הַמֶּלֶךְ

   צִדְקַת הַמֶּלֶךְ (règle n°8)

   ➢ *Duel* : ◌ַיִם ⟶ ◌ֵי

   Exemple : les mains du roi   יָדַיִם הַמֶּלֶךְ ⟶ יְדֵי הַמֶּלֶךְ

   ➢ *Masculin pluriel* : ◌ִים ⟶ ◌ֵי

   Exemples : les chevaux du roi   סוּסִים הַמֶּלֶךְ ⟶ סוּסֵי הַמֶּלֶךְ

   les paroles du roi   דְּבָרִים הַמֶּלֶךְ ⟶ דִּבְרֵי הַמֶּלֶךְ

   ➢ *Féminin pluriel* : וֹת ⟶ וֹת (reste inchangé)

   Exemple : les juments du roi   סוּסוֹת הַמֶּלֶךְ

Exercice

Thème (traduire en hébreu)

1. La loi de l'Eternel   2. Les grands et les forts du pays   3. La justice du roi

Vocabulaire

pierre	אֶ֫בֶן נ׳ אֲבָנִים
ne … pas, il n'y a pas	אֵין
sœur	אָחוֹת נ׳ אֲחָיוֹת
qui, que, ce que, dont, celui qui	אֲשֶׁר
à, en, dans, sur, avec, par	בְּ
Bethléem	בֵּית־לֶ֫חֶם
porte	דֶּ֫לֶת נ׳ דְּלָתוֹת
chemin, route	דֶּ֫רֶךְ ז׳ ou נ׳ דְּרָכִים
enfanter, engendrer	יָלַד
comme, selon, d'après, environ	כְּ
à, vers, pour	לְ
de	מִן
commandement	מִצְוָה נ׳ מִצְוֹת
lumière, lampe	נֵר ז׳ נֵרוֹת
envoyer	שָׁלַח

Leçon 11

Les pronoms personnels isolés, les pronoms démonstratifs proches

I. Les pronoms personnels isolés

Je		אָנֹכִי ou אֲנִי
Tu	Masc.	אַתָּה
	Fém.	אַתְּ
Il		הוּא
Elle		הִיא
Nous		אֲנַחְנוּ
Vous	Masc.	אַתֶּם
	Fém.	אַתֶּן
Ils		הֵמָּה ou הֵם
Elles		הֵנָּה ou הֵן

Quelques remarques

1. En hébreu, la 2e personne du singulier et du pluriel a une forme féminine distincte de la forme masculine.

2. L'hébreu ne connaît pas le vouvoiement.

3. Pour certains de ces pronoms personnels, la Bible offre une variante.

4. Le pronom personnel s'utilise souvent avec le verbe « être » sous-entendu et renforce parfois le sujet d'une phrase.

Exemple : יהוה הוּא הָאֱלֹהִים

Littéralement : Yahvé lui est le Dieu

= C'est Yahvé le vrai Dieu (1 R 18.39 : Miracle d'Elie devant les prophètes de Baal)

II. Les pronoms démonstratifs proches

Les pronoms démonstratifs proches en hébreu sont :

1. Pour le masculin singulier :

   זֶה = celui-ci, ceci, cet [-ci]

2. Pour le féminin singulier :

   זֹאת = celle-ci, cette [-ci]

3. Pour le pluriel :

   אֵלֶּה = ceux-ci, celles-ci, ces [-ci]

Quelques remarques

a. Employés comme adjectifs, les pronoms personnels démonstratifs se situent **après** le nom. S'il y a d'autres adjectifs, les pronoms démonstratifs se placent en **dernier** et toujours **avec** l'article.

   Exemple : Cet homme-ci.   Cette femme-ci.

   הָאִישׁ הַזֶּה   הָאִשָּׁה הַזֹּאת

   Ces hommes-ci.   Ce bon pain (ou nourriture).

   הָאֲנָשִׁים הָאֵלֶּה   הַלֶּחֶם הַטּוֹב הַזֶּה

b. Les pronoms personnels isolés peuvent servir de pronoms démonstratifs lointains.

   Exemple : Cet homme-là.   Cette femme-là.

   הָאִישׁ הַהוּא   הָאִשָּׁה הַהִיא

Exercices

1. Version (Traduire en français)

א - כִּי קָדוֹשׁ אָנִי
ב - הָעִיר הַזֹּאת קְרֹבָה
ג - מִי הָאֲנָשִׁים הָאֵלֶּה

2. Thème (Traduire en hébreu)

Toi, tu es bon et lui est mauvais.

Vocabulaire

Dieu	אֵל
ceux-ci, celles-ci, ces	אֵלֶּה
Dieu	אֱלֹהִים
palais, temple	הֵיכָל ז׳ ou נ׳
celui-ci, celle-ci, ce, cette	זֶה, זֹאת
sage	חָכָם, חֲכָמִים
habiter, être assis, demeurer	יָשַׁב
très	מְאֹד
Moïse	מֹשֶׁה
fidèle	נֶאֱמָן
se tenir debout	עָמַד
humble, doux	עָנָו
proche	קָרוֹב
deux	שְׁנַיִם ז׳
deux	שְׁתַּיִם נ׳
sous, à la place de	תַּחַת

Leçon 12

L'adjectif et ses usages

I. L'adjectif simple

1ʳᵉ règle :

Il s'accorde en genre et en nombre avec le mot qu'il qualifie. Il porte les mêmes terminaisons que les noms [féminin : הָ֫ qamats accentué ; masculin pluriel ִים ; féminin pluriel וֹת ; duel ַ֫יִם]

2ᵉ règle :

L'attribut se place avant et **sans** article. L'épithète se place après et avec l'article si le nom est défini.

    Exemple :   L'homme est bon (attribut).

                  טוֹב הָאִישׁ

                Un roi est grand (attribut) avec des biens (instrumental).

                  גָּדוֹל מֶלֶךְ בִּנְכָסִים

                L'homme bon (épithète).

                  הָאִישׁ הַטּוֹב

                Un homme bon (épithète).

                  אִישׁ טוֹב

                Le grand roi d'Israël.

                  <u>מֶלֶךְ יִשְׂרָאֵל</u> הַגָּדוֹל

                      état construit

Remarque : À la place de l'adjectif, l'hébreu utilise parfois **un construit**.

Exemple : La montagne sainte ; la montagne de sainteté.

au lieu de הָהָר הַקָּדוֹשׁ (masc.), on a parfois : הַר קֹדֶשׁ

II. L'adjectif au comparatif

Il n'y a pas de forme spéciale, c'est suivant le contexte. Pour marquer plus de précisions, l'hébreu utilise מִן (hors de ou plus que).

Exemple : David est plus grand que Saül.

גָּדוֹל דָּוִד מִן שָׁאוּל

III. L'adjectif au superlatif

Pas de forme spéciale. C'est suivant le contexte.

a. On peut utiliser l'adverbe מְאֹד = très

Exemple : David est très (très) grand.

גָּדוֹל דָּוִד מְאֹד

b. Un groupe de deux noms, dont le premier est construit sur le même nom au pluriel, exprime une idée superlative.

Exemple : שִׁיר הַשִּׁירִים

mot à mot : Cantique des cantiques = le plus beau des cantiques.

Exercice

Version (traduire en français)

טוֹבוֹת תּוֹרוֹת יהוה מִמִּצְווֹת הָאֲנָשִׁים :

Vocabulaire

où	אֵיפֹה
manger	אָכַל
Yahvé, l'Eternel, le Seigneur	יהוה
Israël	יִשְׂרָאֵל
car, que, parce que	כִּי
écrire	כָּתַב
apprendre, étudier	לָמַד
qui ?	מִי
Noé	נֹחַ
sur	עַל
ici	פֹּה
saint	קָדוֹשׁ
Ruth	רוּת
cantique, chant	שִׁיר ז׳
garder, observer	שָׁמַר

Leçon 13

Le système verbal

I. Panorama des conjugaisons hébraïques

a. Les formes

Le verbe hébreu comprend plusieurs conjugaisons : une conjugaison **simple**, appelée Qal (קַל =léger) et d'autres conjugaisons **dérivées ou augmentées**.

Dans une conjugaison simple, la forme est la plus simple et l'action qu'elle exprime est également simple.

Exemple : קָטַל = il a tué

Les conjugaisons dérivées ou augmentées ont une forme augmentée par rapport à la conjugaison simple et l'action qu'elles expriment a une modalité surajoutée qui change le sens du verbe.

- Une modalité **d'intensité**, rendue par le redoublement de la seconde radicale.

    Exemple :   קִטֵּל   = il a tué intensément (le sens change).

- Une modalité de causalité où le sujet fait faire l'action.

    Exemple :   הִקְטִיל   = il a fait tuer

Donc en hébreu, il y a trois formes dans sa conjugaison : la forme simple, la forme intensive et la forme causative.

b. Les voix

En plus, cette conjugaison à trois formes peut être à l'une des trois voix : active, passive et réfléchie.

Exemple : 1) Il a tué.   Voix active

Voix passive   Il a été tué.   } נִקְטַל   (Niphal)
Voix réfléchie   Il s'est tué.   }

2) Il a été tué intensément.   קֻטַּל   (Pual)
La forme intensive et la voix passive.
→ koubouts (voyelle brève)

TABLEAU DES SEPT COMBINAISONS DE BASE DE LA CONJUGAISON HÉBRAÏQUE			
FORMES / VOIX	Simple	Intensive	Causative
Active	QAL (Ql) קָטַל il a tué	PIEL (Pi) קִטֵּל il a tué intensément	HIPHIL (Hi) הִקְטִיל il a fait tuer
Passive	NIPHAL (Ni) נִקְטַל il a été tué il s'est tué	PUAL (Pu) קֻטַּל il a été tué intensément	HOPHAL (Ho) הָקְטַל ← komets il a été fait tuer ; on l'a fait tuer
Réfléchie		HITHPAEL (Ht) הִתְקַטֵּל il s'est tué intensément	✗

II. Les aspects

À la différence des verbes occidentaux qui indiquent d'abord le temps de l'action (passé, présent, futur), le verbe hébreu présente deux « aspects » (la nuance temporelle est secondaire par rapport à l'aspect) :

1. **Le parfait ou l'accompli** qui indique une action achevée, terminée, faite, **même quand elle est dans le futur**.

2. **L'imparfait ou l'inaccompli** qui indique une action inachevée, **même dans le passé**.

Quelques exemples :

1) Deutéronome 1.1 «… Moïse adressa à tout Israël… » < Accompli (à lire en français).

2) Exode 4.1 « … Ils ne me croiront pas… » <Inaccompli, action non faite (à lire en français en particulier avec le contexte)

3) Deutéronome 8.10 [version TOB ou Le Semeur] : « Tu mangeras à satiété et tu béniras le Seigneur ton Dieu pour le bon pays qu'il t'aura donné » – C'est toujours Moïse qui parle. Accompli ou inaccompli ? Accompli ou **parfait** même au futur = l'action de donner doit être accomplie avant de pouvoir manger ou bénir Dieu.

4) Genèse 37.15. Il s'agit de Joseph – À lire.

« … Que cherches-tu ? » Accompli ou inaccompli : une action qui n'est pas finie, donc **inaccompli** même dans le passé.

Remarques
Au fond, le verbe hébreu est à la fois plus pauvre et plus riche que le verbe français.

a. Plus pauvre, puisque deux aspects seulement (accompli et inaccompli) servent à rendre au moins huit temps français répartis dans les trois catégories du présent, passé et futur (Présent – Passé composé – Imparfait – Plus-que-parfait – Passé simple – Passé antérieur – Futur simple – Futur antérieur).

b. Plus riche, puisque le verbe hébreu exprime des nuances que le français ne peut rendre que par le recours à des périphrases ou à des adverbes.

III. Les modes

L'hébreu n'emploie que quatre modes :

1) **L'indicatif** avec deux aspects (l'accompli et l'inaccompli)

2) **Le volitif** qui prend trois formes

   a) Lorsqu'il est à la 1re personne, on l'appelle mode **cohortatif**.

   Exemple : Je veux tuer = que je tue ! אֶקְטְלָה

   b) Lorsqu'il est à la 2e personne, on l'appelle couramment **l'impératif**.

   Exemple : Tue ! קְטֹל

   c) Lorsqu'il est à la 3e personne, on l'appelle mode **jussif**.

   Exemple : Qu'il tue ! יִקְטֹל

3) **L'infinitif** qui existe sous deux formes

   a) L'infinitif absolu

   b) L'infinitif construit

4) **Le participe** tient à la fois du verbe et de l'adjectif. Il existe aussi sous deux formes : le participe actif et le participe passif.

Remarques : Les modes conditionnel et subjonctif sont assumés par l'inaccompli.

En résumé, chacune des sept combinaisons de base (Ql, Ni, Pi, Pu, Ht, Hi, Ho) présente le tableau de conjugaison suivant :

QAL	
Indicatif :	accompli et inaccompli
Volitif :	cohortatif (1re pers) impératif (2e pers) jussif (3e pers)
Infinitif :	absolu construit
Participe :	actif passif

IV. Les classes des verbes

La plupart des verbes hébreux ont une racine trilittère, c'est-à-dire à trois consonnes. On peut les classer en quatre catégories :

1. Lorsqu'un verbe a trois consonnes stables, inaltérables, on l'appelle **verbe fort**.

    Exemple : קָטַל (= tuer)

2. Lorsqu'une ou plusieurs des trois radicales (ou consonnes de la racine) sont des gutturales (ח, ה, ע, ר, א), on a affaire à un **verbe guttural**.

    Exemple : חָזַק (= être fort)

3. Les **verbes faibles** présentent dans leur racine un élément faible : des lettres quiescentes ou des lettres qui peuvent tomber (נ, י, ר, ה, א). Pour désigner ces verbes, on se sert des lettres פָּעַל (=faire). Le פ désigne le 1ᵉʳ élément, le ע le 2ᵉ et le ל le 3ᵉ de la racine. Ainsi, un verbe פ"ן est un verbe dont la 1ʳᵉ lettre est un נ. Voici donc les autres verbes faibles :

    ל"ה, ל"א, ע"י, ע"ו, פ"י, פ"א

    Exemple : קוּם (= se lever) est un verbe ע"ו

4. Les **verbes géminés**, appelés ע"ע, ont leur 2ᵉ radicale répétée.

    Exemple : סָבַב (= entourer)

Exercice

Lire à haute voix en hébreu Exode 4.1–3. Avec une traduction française, essayer de trouver les temps des verbes en hébreu et leur nuance précise.

Vocabulaire

Elqana	אֶלְקָנָה
chercher, désirer, vouloir	בִּקֵּשׁ
gras, engraissé	בָּרִיא
Hébron	חֶבְרוֹן
Canaan	כְּנַעַן
trouver	מָצָא
entourer, tourner, faire le tour	סָבַב
Azgad	עַזְגָּד
se lever	קוּם
tuer, assassiner	קָטַל
roseau, tige d'épis	קָנֶה ז׳
bâton, tribu	שֵׁבֶט et שֶׁבֶט ז׳ שְׁבָטִים
épi	שִׁבֹּלֶת נ׳ שִׁבֳּלִים
lèvre, langue	שָׂפָה נ׳ ז׳ ou שְׂפָתוֹת

Leçon 14

Le verbe au QAL accompli

- La conjugaison au Qal est la combinaison de la forme simple à la voix active.

  Exemple type : קָטַל : il a tué.

- L'accompli qui indique une action achevée, terminée, est formé par l'adjonction de **suffixes** à la racine.

  suffixe + ☐☐☐ verbe à trois consonnes stables

      racine

- Les suffixes sont de trois classes :

  1) **Les suffixes vocaliques** (ָה, וּ) sont accentués et réduisent en cheva vocal (:) la voyelle précédente (0 consonne).

     Exemple : elle a tué   קָטְלָה

  2) **Les suffixes consonantiques légers** (תִי, תָ, תְ, נוּ) ne sont pas accentués et s'attachent sans changement à la racine (une consonne).

     Exemple : j'ai tué   קָטַלְתִּי

  3) **Les suffixes consonantiques lourds** (תֶם, תֶן) sont accentués et font jouer les lois syllabo-vocaliques (deux consonnes).

     Exemple : vous avez tué   קְטַלְתֶּם
         ↓ masc. pl

CONJUGAISON DU QAL ACCOMPLI		
j'ai tué	קָטַלְתִּי	suffixes consonantiques légers règle du cheva muet [1ᵉʳ cheva muet, et 2ᵉ cheva vocal]
tu as tué — Masc.	קָטַלְתָּ	
tu as tué — Fém.	קָטַלְתְּ	
il a tué	קָטַל	
elle a tué	קָטְלָה	suffixe vocalique → cheva vocal
nous avons tué	קָטַלְנוּ	suffixes consonantiques légers
vous avez tué — Masc.	קְטַלְתֶּם	suffixes consonantiques lourds
vous avez tué — Fém.	קְטַלְתֶּן	
ils ou elles ont tué	קָטְלוּ	suffixe vocalique → cheva vocal

Exercices

1. Conjuguer au Qal accompli le verbe לָמַד (= apprendre, étudier) avec la traduction française.

2. Version (Traduire en français)

א - שָׁמַרְנוּ אֶת־הַמִּצְוָה :

ב - מָה־אָמְרוּ הָאֲנָשִׁים הָאֵלֶּה :

3. Thème (Traduire en hébreu)

Les enfants ont demandé du pain et ils ont mangé.

Vocabulaire

un	אֶחָד ז׳
une	אַחַת נ׳
pacte, alliance	אֲמָנָה נ׳
dire, parler	אָמַר
avec	אֵת (אֶת־)
honneur, gloire	כָּבוֹד ז׳
couper	כָּרַת
faire alliance	כָּרַת בְּרִית
ne … pas	לֹא
quoi, qu'est-ce que ?	מֶה, מָה, מַה
la mort	מָוֶת ז׳
biens, richesses	נְכָסִים ז׳ ר׳
avec	עִם
richesse	עֹשֶׁר ז׳
séjour des morts	שְׁאוֹל ז׳ ou נ׳
demander	שָׁאַל

Leçon 15

Les suffixes personnels des noms masculins singuliers

En hébreu pour dire « mon cheval » [adj. possessif en français], on traduit par « le cheval de moi », c'est-à-dire qu'on utilise un état construit.

סוּסִי ←——— סוּס ־ אֲנִי

ִי un suffixe personnel lié au nom סוּס (masc. sg). On l'appelle aussi **pronom suffixe** ou **suffixe nominal**.

TABLEAU DES SUFFIXES PERSONNELS LIÉS AUX NOMS MASCULINS SINGULIERS			
Possesseur		Suffixe	Nom	Traduction
1re sg		ִי	סוּסִי	mon cheval
2e	Masc.	ְךָ	סוּסְךָ	ton cheval (masc.)
	Fém.	ֵךְ	סוּסֵךְ	ton cheval (fém.)
3e sg	Masc.	וֹ	סוּסוֹ	son cheval (à lui)
	Fém.	ָהּ	סוּסָהּ	son cheval (à elle)
1re pl		ֵנוּ	סוּסֵנוּ	notre cheval
2e pl	Masc.	ְכֶם	סוּסְכֶם	votre cheval (à eux)
	Fém.	ְכֶן	סוּסְכֶן	votre cheval (à elles)
3e pl	Masc.	ָם	סוּסָם	leur cheval (à eux)
	Fém.	ָן	סוּסָן	leur cheval (à elles)

mappik

Quelques remarques

1. L'adjonction de ces suffixes personnels provoque en général des changements de voyelles, sauf dans les noms à voyelles stables.

Exemple : avec des noms qui ont au moins un qamats :

דְּבָרִי   ma parole ⟵ דָּבָר   (= parole)

דְּבַרְכֶם   votre parole (masc.)

2. Sous l'influence de l'araméen, les suffixes consonantiques ךָ, כֶם, כֶן ne portent pas de dagesh léger (ont une prononciation douce), même après un cheva muet.

3. Le point dans le ה de סוּסָהּ (= son cheval à elle) est un **mappik** qui sert à distinguer cette forme de la terminaison féminine סוּסָה (jument) et qui marque la valeur consonantique du ה.

Exercices

1. Version (traduire en français)

א - עָבְרוּ הָעָם הַזֶּה אֶת־בְּרִיתִי וְלֹא שָׁמְעוּ לְקוֹלִי :

ב - וְעָלָה הָאִישׁ הַהוּא מֵעִירוֹ :

2. Thème (traduire en hébreu)

Le Dieu des cieux a entendu ta voix.

Vocabulaire

voici	הִנֵּה
tout	כֹּל (כָּל־)
oindre, sacrer	מָשַׁח
partage, héritage	נַחֲלָה נ׳
passer, transgresser	עָבַר
monter	עָלָה
dix	עֶשֶׂר נ׳
dix	עֲשָׂרָה ז׳
armée	צָבָא ז׳ צְבָאוֹת
pierre, rocher	צוּר ז׳
trois	שָׁלֹשׁ נ׳
trois	שְׁלֹשָׁה ז׳
ciel, cieux	שָׁמַיִם ז׳ ר׳

Leçon 16

Les suffixes personnels des noms féminins singuliers

Suffixes personnels (ou pronoms suffixes, ou suffixes nominaux) liés au **nom féminin singulier**.

סוּסָתִי ←──── סוּסָה ←──── סוּס

ma jument = la jument de moi (état construit) | fém. (= jument) | masc. sg (= cheval)

TABLEAU DES SUFFIXES PERSONNELS LIÉS AUX NOMS FÉMININS SINGULIERS			
Possesseur		Nom	Traduction
1ʳᵉ sg		סוּסָתִי	ma jument
2ᵉ sg	Masc.	סוּסָתְךָ	ta jument
	Fém.	סוּסָתֵךְ	
3ᵉ sg	Masc.	סוּסָתוֹ	sa jument (à lui)
	Fém.	סוּסָתָהּ	sa jument (à elle)
1ʳᵉ pl		סוּסָתֵנוּ	notre jument
2ᵉ pl	Masc.	סוּסַתְכֶם	votre jument
	Fém.	סוּסַתְכֶן	
3ᵉ pl	Masc.	סוּסָתָם	leur jument (à eux)
	Fém.	סוּסָתָן	leur jument (à elles)

cas particulier : תָ‍ְ : syllabe ni fermée, ni ouverte mais « semi-ouverte »

Autre exemple avec des noms avec qamats :

צִדְקָתִי ← צִדְקָתִי ← צִדְקַת ← צְדָקָה

(ma justice)   État construit   (justice)

Cas particulier :   2ᵉ masc. sg   צִדְקָתְךָ (ta justice)

Avec les suffixes lourds, on garde le patah   צִדְקַתְכֶם (votre justice)

Exercice

Version (traduire en français)

א - תּוֹרָתְךָ לֹא עָבַרְתִּי :
ב - עֵינֵי יהוה אֶל־צַדִּיקִים וְאָזְנָיו אֶל־שַׁוְעָתָם :

Vocabulaire

Abner	אַבְנֵר
quatre	אַרְבַּע נ׳
quatre	אַרְבָּעָה ז׳
sang	דָּם ז׳
tuer, assassiner	הָרַג
vie	חַיִּים ז׳ ר׳
glaive, épée	חֶרֶב נ׳ חֲרָבוֹת
prophète	נָבִיא ז׳
répondre	עָנָה
Araba, lieu aride	עֲרָבָה נ׳
cri, plainte	שַׁוְעָה נ׳
verser, répandre	שָׁפַךְ
neuf	תֵּשַׁע נ׳
neuf	תִּשְׁעָה ז׳

Leçon 17

Les suffixes personnels des noms pluriels

I. Nom masculin pluriel

סוּסַי ← סוּסַי ְי ← סוּסִים ← סוּס

mes chevaux   fusion amalgame   chevaux   cheval
les chevaux de moi
(état construit)

TABLEAU DES SUFFIXES AMALGAMES					
Possesseur		Fusion	Suffixes amalgames	Nom	Traduction
1re sg		יִ + י	יַ	סוּסַי	mes chevaux
2e sg	Masc.	יִ + ךָ	ֶיךָ	סוּסֶיךָ	tes chevaux
	Fém.	יִ + ךְ	ַיִךְ	סוּסַיִךְ	tes chevaux
3e sg	Masc.	יִ + ו	ָיו	סוּסָיו	ses chevaux (à lui)
	Fém.	יִ + הָ	ֶיהָ	סוּסֶיהָ	ses chevaux (à elle)
1re pl		יִ + נוּ	ֵינוּ	סוּסֵינוּ	nos chevaux
2e pl	Masc.	יִ + כֶם	ֵיכֶם	סוּסֵיכֶם	vos chevaux
	Fém.	יִ + כֶן	ֵיכֶן	סוּסֵיכֶן	
3e pl	Masc.	יִ + הֶם	ֵיהֶם	סוּסֵיהֶם	leurs chevaux (à eux)
	Fém.	יִ + הֶן	ֵיהֶן	סוּסֵיהֶן	leurs chevaux (à elles)

II. Nom féminin pluriel

Normalement יֵ mais illogiquement, on ajoute en hébreu les suffixes amalgames aux noms féminins pluriels.

Exemple : mes justices   צִדְקוֹתַי

tes justices   צִדְקוֹתֶיךָ

Ainsi, ces formes renferment un double signe du pluriel : le וֹת du féminin et le יֵ du masculin.

III. Nom duel

Ils prennent aussi les suffixes amalgames.

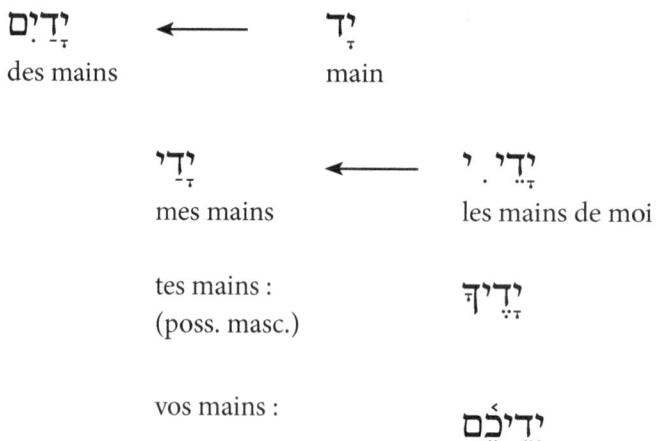

tes mains : (poss. masc.)   יָדֶיךָ

vos mains :   יְדֵיכֶם

Exercice

Thème (traduire en hébreu)

1. Ses prophètes ont dit sa loi et vous avez observé ses commandements.

2. Ses enfants (à elle) sont sortis vers leur père.

Vocabulaire

tente	אֹהֶל ז׳ אֹהָלִים
jeune homme	בָּחוּר
bœuf, gros bétail	בָּקָר ז׳
Daniel	דָּנִאֵל ou דָּנִיֵּאל
être, exister	הָיָה
beaucoup	הַרְבֵּה
vieux	זָקֵן
semence, descendance	זֶרַע ז׳
rare, précieux	יָקָר
Isaïe	יְשַׁי
Lot	לוֹט
de la part de, d'entre	מֵעִם
serviteur, esclave	עֶבֶד ז׳ עֲבָדִים
éternité, siècles	עוֹלָם ז׳
riche, le riche	עָשִׁיר ז׳
menu bétail, chèvres	צֹאן ז׳ ou נ׳
huit	שְׁמֹנָה ז׳
huit	שְׁמֹנֶה נ׳

Leçon 18

Le verbe au QAL inaccompli

Si le Qal accompli se forme à partir de la racine de base קָטַל suivie de suffixes de trois sortes, le Qal inaccompli se forme par adjonction de préfixes « personnels » (marquant la personne) et de suffixes de deux sortes (vocaliques et consonantiques légers) à la forme de base קְטֹל.

suffixe

(vocaliques ou consonantiques légers)

+

קְטֹל préfixe
racine (marquant la personne)

1. Les préfixes de l'inaccompli

1ʳᵉ pers. sg :   א

2ᵉ pers. sg et pl :   תְ

1ʳᵉ pers. pl :   נ

3ᵉ pers. sg et pl masc. :   י

3ᵉ pers. sg et pl fém. :   תְ

2. Les suffixes de l'inaccompli

2ᵉ pers. sg fém. :   ִי

2ᵉ et 3ᵉ pers. pl masc. :   וּ

2ᵉ et 3ᵉ pers. pl fém. :   נָה

CONJUGAISON DU QAL INACCOMPLI			
1ʳᵉ sg		אֶקְטֹל	je tuerai
2ᵉ sg	Masc.	תִּקְטֹל	tu tueras (on s'adresse à un homme)
	Fém.	suffixe vocalique תִּקְטְלִי	tu tueras (on s'adresse à une femme)
3ᵉ sg	Masc.	יִקְטֹל	il tuera
	Fém.	תִּקְטֹל	elle tuera
1ʳᵉ pl		נִקְטֹל	nous tuerons
2ᵉ pl	Masc.	תִּקְטְלוּ	vous tuerez (les hommes)
	Fém.	תִּקְטֹלְנָה	vous tuerez (les femmes)
3ᵉ pl	Masc.	יִקְטְלוּ	ils tueront
	Fém.	תִּקְטֹלְנָה	elles tueront

Attention il y a des formes qui sont semblables.

Exercices

1. Version (traduire en français)

א - בְּרִית עוֹלָם אֶכְרֹת לְיִשְׂרָאֵל :

ב - אָמַר אֱלֹהִים אֶל־אַבְרָהָם וְאַתָּה אֶת־בְּרִיתִי תִשְׁמֹר :

2. Thème (traduire en hébreu)

Le Dieu des cieux a dit : « Vous garderez ce commandement ».

Vocabulaire

frère	אָח ז׳ אַחִים
mère, aïeule	אֵם נ׳
cinq	חָמֵשׁ נ׳
cinq	חֲמִשָּׁה ז׳
lutter, combattre	לָחַם
bâton, sceptre	מַטֶּה ז׳ ou נ׳ מַטּוֹת
messager, ange	מַלְאָךְ ז׳
encore	עוֹד
tête, chef	רֹאשׁ ז׳ רָאשִׁים
six	שֵׁשׁ נ׳
six	שִׁשָּׁה ז׳

Leçon 19

Le mode infinitif du QAL

Il y a en hébreu deux sortes d'infinitifs : l'infinitif absolu et l'infinitif construit. Ils se distinguent par leur forme et par leur emploi dans la phrase (syntaxique).

I. Infinitif absolu קָטֹל

a) Invariable et placé surtout avant le verbe, l'infinitif absolu est employé le plus souvent pour **souligner l'action exprimée par le verbe**. (répétition infinitive : « voyons voir » en français)

Exemple : 1. קָטֹל אֶקְטֹל : je tuerai certainement

2. Jérémie 31.18

אֶפְרַיִם   שָׁמַעְתִּי   שָׁמוֹעַ

patah furtif pour faciliter la prononciation de la gutturale

Traduction :
Darby : J'ai très bien entendu Ephraïm.
Colombe : J'entends Ephraïm.
Malgache : « Efa reko tokoa Efraima. »

b) L'infinitif absolu s'emploie parfois comme l'équivalent d'une forme précédente.

II. Infinitif construit קְטֹל

L'infinitif construit est **la forme la plus fréquente de l'infinitif**. C'est un véritable nom verbal (comparé avec les formes en –ing en anglais). On peut le construire à partir de la forme de la 3ᵉ personne masc. sing. de l'inaccompli, moins le préfixe (יִקְטֹל).

En tant que nom verbal, il peut :

1. **se trouver à l'état construit**

    Exemple : עַד־מְלֹךְ דָּוִיד   Jusqu'au règne de David

2. **être employé avec les prépositions** : לְ, בְּ, כְּ, מִן

    a. avec לְ, l'infinitif construit correspond de près à l'infinitif français quand il dépend d'un autre verbe comme « commencer à », « continuer à » et parfois l'infinitif construit a un sens de but.

    Exemple : pour garder les commandements de l'Eternel

    לִשְׁמֹר אֶת־מִצְוֹת יהוה

    C'est avec cette préposition לְ que l'infinitif construit est le plus employé.

    b. Avec בְּ, כְּ, l'infinitif construit pourra être traduit par « quand », « lorsque », « comme », …

    Exemple : 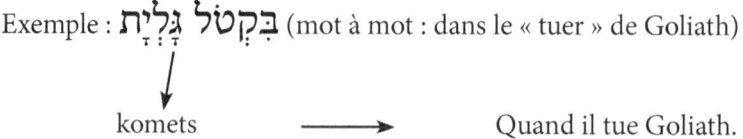 (mot à mot : dans le « tuer » de Goliath)

    komets ⟶ Quand il tue Goliath.

3. **prendre les suffixes personnels**. Il se comporte alors comme un nom ségolé de classe « o ». (à voir plus tard)

    Exemple : 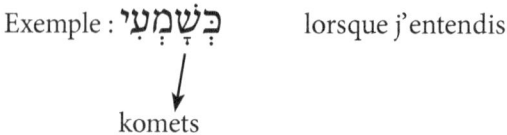   lorsque j'entendis

    komets

Exercices

1. Version (traduire en français)

וְכָל־הָאָרֶץ מְבַקְשִׁים[1] אֶת־פְּנֵי שְׁלֹמֹה לִשְׁמֹעַ אֶת־חָכְמָתוֹ אֲשֶׁר־נָתַן אֱלֹהִים בְּלִבּוֹ :

2. Thème (traduire en hébreu)

J'enverrai un ange pour vous garder en chemin.

Vocabulaire

certes, mais	אַךְ
Ephraïm	אֶפְרַיִם
Babylone, Babel	בָּבֶל
pleurer	בָּכָה
Goliath	גָּלְיָת
sagesse	חָכְמָה נ׳
Joab	יוֹאָב
cœur	לֵב ou לֵבָב ז׳ לִבּוֹת
mépriser, rejeter	מָאַס
fleuve	נָהָר ז׳ נְהָרוֹת et נְהָרִים
visage, face	פָּנִים ז׳ ר׳
cor, trompette	שׁוֹפָר ז׳

---

1. Traduire מְבַקְשִׁים par « recherchait »

Leçon 20

Le mode volitif du QAL

Le mode volitif correspond à l'impératif français. À la 1re personne, il est appelé « cohortatif », à la 2e personne, il est appelé « impératif » et à la 3e personne, c'est le « jussif ».

I. Le cohortatif (1re pers.)

Il se forme en ajoutant à l'inaccompli le suffixe vocalique הָ (qui prend l'accent et change en cheva vocal la voyelle précédente).

Exemple : Que je tue ! Il faut que je tue – Je veux tuer : אֶקְטֹל ⟶ אֶקְטְלָה

Tuons ! נִקְטֹל ⟶ נִקְטְלָה

II. L'impératif (2e pers.)

Il se forme en supprimant le préfixe de la personne correspondante de l'inaccompli.

2e pers. sg	Masc.	תִּקְטֹל	→	קְטֹל	: Tue !	(s'adresse à un homme)
	Fém.	תִּקְטְלִי	→	קִטְלִי	: Tue !	(Toi, femme)
2e pers. pl	Masc.	תִּקְטְלוּ	→	קִטְלוּ	: Tuez !	(s'adresse à des hommes)
	Fém.	תִּקְטֹלְנָה	→	קְטֹלְנָה	: Tuez !	(vous les femmes)

Remarque : L'impératif peut quelquefois avoir un suffixe הָ comme au cohortatif.

שְׁמֹר peut prendre la forme : שָׁמְרָה : garde !

III. Le jussif (3ᵉ pers.)

Il n'y a pas de différence dans l'écriture avec le Qal inaccompli. Mais dans la prononciation, il y a une très légère abréviation.

יִקְטֹל : qu'il tue !   תִּקְטֹל : qu'elle tue !

יִקְטְלוּ : qu'ils tuent !   תִּקְטֹלְנָה : qu'elles tuent !

IV. Remarques

1. La négation pour le **cohortatif** et le **jussif** se rend par la particule אַל placée avant le verbe.

2. **L'impératif** n'est employé qu'à la forme affirmative. La négation pour l'impératif est rendue par אַל + Inaccompli.

   Exemple : אַל־תִּשְׁלַח יָדְךָ : N'étends pas ta main.

3. Pour renforcer ou nuancer dans le sens d'une prière, les formes volitives sont quelquefois suivies de la particule נָא.

   שְׁמָר־נָא : Garde donc ! Garde, je te prie !

Exercices

1. Version (traduire en français)

א - אָמַר אַבְנֵר אֶל־דָּוִד אֶקְבְּצָה אֶל־אֲדֹנִי הַמֶּלֶךְ אֶת־כָּל־יִשְׂרָאֵל וְתִמְלֹךְ בְּכָל־הָעָם :

ב - וְעַתָּה יִשְׂרָאֵל שְׁמַע אֶל־הַחֻקִּים וְאֶל־הַמִּשְׁפָּטִים אֲשֶׁר אָנֹכִי לָמוֹד לְמוֹד אֶתְכֶם :

2. Thème (traduire en hébreu)

   a. Qu'il garde le commandement sur le livre !
   b. Que je fasse alliance avec ce peuple !

Vocabulaire

maître, seigneur	אָדוֹן
lumière	אוֹר ז'
avoir confiance, se confier	בָּטַח
chercher, rechercher	דָּרַשׁ
coutume, loi	חֻקָּה
comme, autant que	כַּאֲשֶׁר
particule d'insistance (déprécative)	נָא
à présent, maintenant	עַתָּה
rassembler, recueillir	קָבַץ
sainteté	קֹדֶשׁ ז'
assemblée, multitude	קָהָל ז'
acquérir, acheter	קָנָה
suivre, poursuivre	רָדַף
être gai, se réjouir	שָׂמֵחַ et שָׂמַח

Leçon 21

Les flexions des noms – La 2ᵉ flexion

I. Généralités

La flexion d'un nom hébreu est l'ensemble des formes qu'il prend lorsqu'on lui ajoute les suffixes de genre et de nombre ainsi que les suffixes personnels. (Donner des exemples de suffixes de genre : הָ, de nombre : יִם, יִ ם ָ , suffixes personnels : יִ ָ ּ , יִ ָ . . .).

On distingue quatre classes de noms **à consonnes stables** correspondant à quatre flexions :

1ʳᵉ **flexion** : noms à voyelles stables. Il n'y a aucun changement de voyelles quand on leur ajoute un suffixe.

Exemple : סוּס (cheval)

2ᵉ **flexion** : noms avec au moins un qamats (ָ).

Exemple : דָּבָר (parole, chose)

3ᵉ **flexion** : noms ségolés qui sont des noms qui ont comme 2ᵉ voyelle un ségol non accentué (ou un patah sous une gutturale.)

Exemple : מֶלֶךְ (roi)   נַעַר (garçon)

4ᵉ **flexion** : noms du genre participe actif.

Exemple : שֹׁפֵט (jugeant)

Les autres noms qui ont des consonnes instables peuvent se redoubler, disparaître ou se transformer quand on ajoute les suffixes. Pour la plupart, ces noms se rapportent à la filiation.[1]

Exemple : אִישׁ (homme)   אֲנָשִׁים (des hommes)

---
1. Cf. Pegon, Dany, 1999, *Cours d'Hébreu Biblique*, Institut Biblique de Nogent, Excelsis, p. 218–222.

II. La 2ᵉ flexion

Ce sont des noms qui ont au moins un qamats gadôl (◌ָ). Ils suivent les lois syllabo-vocaliques dans leurs flexions, à une ou deux exceptions près.

masc. כָּבוֹד : honneur, gloire	masc. דָּבָר : parole, chose	
SINGULIER		
כְּבוֹדִי (mon honneur)	דְּבָרִי (ma parole)	
כְּבוֹדְךָ　כְּבוֹדֵךְ	דְּבָרְךָ　דְּבָרֵךְ	cas particulier : syllabe semi-ouverte
כְּבוֹדָהּ　כְּבוֹדוֹ	דְּבָרָהּ　דְּבָרוֹ	
כְּבוֹדֵנוּ	דְּבָרֵנוּ	
כְּבוֹדְכֶן　כְּבוֹדְכֶם	דְּבַרְכֶן　דְּבַרְכֶם	
כְּבוֹדָן　כְּבוֹדָם facile car syllabe stable au milieu	דְּבָרָן　דְּבָרָם	
PLURIEL		
כְּבוֹדַי	דְּבָרַי (mes paroles)	
כְּבוֹרַיִךְ　כְּבוֹרֶיךָ	דְּבָרַיִךְ　דְּבָרֶיךָ	
כְּבוֹדֶיהָ　כְּבוֹדָיו	דְּבָרֶיהָ　דְּבָרָיו	
כְּבוֹדֵינוּ	דְּבָרֵינוּ	
כְּבוֹדֵיכֶן　כְּבוֹדֵיכֶם	דִּבְרֵיכֶן　דִּבְרֵיכֶם	
כְּבוֹדֵיהֶן　כְּבוֹדֵיהֶם	דִּבְרֵיהֶן　דִּבְרֵיהֶם	

masc. עוֹלָם = siècle, éternité	fém. שָׁנָה = année
SINGULIER	
עוֹלָמִי (mon éternité)	שְׁנָתִי (mon année)
עוֹלָמֵךְ עוֹלָמְךָ ↓ cas particulier	שְׁנָתֵךְ שְׁנָתְךָ ↓ cas particulier
עוֹלָמָהּ עוֹלָמוֹ	שְׁנָתָהּ שְׁנָתוֹ
עוֹלָמֵנוּ	שְׁנָתֵנוּ
עוֹלַמְכֶם עוֹלַמְכֶן	שְׁנַתְכֶם שְׁנַתְכֶן
עוֹלָמָם עוֹלָמָן	שְׁנָתָם שְׁנָתָן
PLURIEL	
עוֹלָמַי (mes éternités)	שְׁנוֹתַי
עוֹלָמֶיךָ עוֹלָמַיִךְ	שְׁנוֹתֶיךָ שְׁנוֹתַיִךְ
עוֹלָמֶיהָ עוֹלָמָיו	שְׁנוֹתֶיהָ שְׁנוֹתָיו
עוֹלָמֵינוּ	שְׁנוֹתֵינוּ
עוֹלְמֵיכֶם עוֹלְמֵיכֶן	שְׁנוֹתֵיכֶם שְׁנוֹתֵיכֶן
עוֹלְמֵיהֶם עוֹלְמֵיהֶן	שְׁנוֹתֵיהֶם שְׁנוֹתֵיהֶן

> **Exercices**
>
> 1. Version
>
>   אָמַר שָׁאוּל אֶל־שְׁמוּאֵל עָבַרְתִּי אֶת־פִּי[2] יהוה וְאֶת־דְּבָרֶיךָ׃
>
> 2. Thème
>
>   J'ai gardé ses paroles et sa loi (à lui Dieu).

Vocabulaire

adversaire	אוֹיֵב ז׳
haïr	אָיַב
chameau	גָּמָל ז׳ ou נ׳
frappé, blessé, tué	חָלָל ז׳
âne	חֲמוֹר et חֲמֹר ז׳
cour	חָצֵר ז׳ ou נ׳
mesurer	מָדַד
garçon, serviteur	נַעַר ז׳
les alentours, autour	סְבִיבוֹת נ׳ ou ר׳
bouche, ordre	פֶּה ז׳
mulet	פֶּרֶד ז׳
petit	קָטָן et קָטֹן
gardien, sentinelle	שׁוֹמֵר ז׳
juge	שׁוֹפֵט ז׳
daman, lapin	שָׁפָן ז׳
prince, grand, maître	שַׂר ז׳ שָׂרִים

---

[2] État construit de פֶּה

Leçon 22

La 3ᵉ flexion : les noms ségolés

I. Principe

Ce sont des noms qui ont comme **deuxième voyelle un ségol non accentué**.

Mot type : מֶלֶךְ (roi) et un patah sous une gutturale נַעַר (garçon, serviteur).

Deux facteurs entrent en jeu pour les noms ségolés :

1. L'influence de la 2ᵉ flexion

2. L'influence d'une forme primitive **monosyllabique** qui tend à resurgir dans la flexion du mot.

   Dans le cas de מֶלֶךְ, c'est מַלְךְ mot de classe <u>a</u>
   \ cheva muet

   Dans le cas de סֵפֶר, c'est סִפְר mot de classe <u>i</u>

   Dans le cas de קֹדֶשׁ, c'est קָדְשׁ mot de classe <u>o</u>
   \ komets

II. Flexion

La flexion des noms ségolés obéit aux deux lois suivantes :

1. La voyelle originelle resurgit **au singulier et au duel**.

   Exemple :   mon roi מַלְכִּי

   pied רֶגֶל   duel (les pieds) : רַגְלַיִם

2. **Au pluriel**, c'est l'analogie avec la 2ᵉ flexion qui prévaut :

Exemple :   mes rois מְלָכַי

vos rois מַלְכֵיכֶם patah de secours et non i de secours.

סֵפֶר (classe i = livre)	מֶלֶךְ (classe a = roi)
SINGULIER	
סִפְרִי (mon livre)	מַלְכִּי (mon roi)
סִפְרֵךְ סִפְרְךָ	מַלְכֵּךְ מַלְכְּךָ
סִפְרָהּ סִפְרוֹ	מַלְכָּהּ מַלְכּוֹ
סִפְרֵנוּ	מַלְכֵּנוּ
סִפְרְכֶן סִפְרְכֶם	מַלְכְּכֶן מַלְכְּכֶם
סִפְרָן סִפְרָם	מַלְכָּן מַלְכָּם
PLURIEL	
סְפָרַי (mes livres)	מְלָכַי (mes rois)
	spirante pour le pluriel
סְפָרַיִךְ סְפָרֶיךָ	מְלָכַיִךְ מְלָכֶיךָ
סְפָרֶיהָ סְפָרָיו	מְלָכֶיהָ מְלָכָיו
סְפָרֵינוּ	מְלָכֵינוּ
סִפְרֵיכֶן סִפְרֵיכֶם	מַלְכֵיכֶן מַלְכֵיכֶם
סִפְרֵיהֶן סִפְרֵיהֶם	מַלְכֵיהֶן מַלְכֵיהֶם

Leçon 22

קֹדֶשׁ (classe o = sainteté)	נַעַר (classe a = garçon, serviteur)
SINGULIER	
קָדְשִׁי (ma sainteté (o) qomets)	נַעֲרִי ← coloration
קָדְשְׁךָ קָדְשֵׁךְ	נַעַרְךָ נַעֲרֵךְ
קָדְשׁוֹ קָדְשָׁהּ	נַעֲרוֹ נַעֲרָהּ
קָדְשֵׁנוּ	נַעֲרֵנוּ
קָדְשְׁכֶם קָדְשְׁכֶן	נַעַרְכֶם נַעַרְכֶן
קָדְשָׁם קָדְשָׁן	נַעֲרָם נַעֲרָן
PLURIEL	
קָדָשַׁי (mes saintetés) ↙ coloration (o) hataph komets	נְעָרַי (mes serviteurs)
קָדָשֶׁיךָ קָדָשַׁיִךְ	נְעָרֶיךָ נְעָרַיִךְ
קָדָשָׁיו קָדָשֶׁיהָ	נְעָרָיו נְעָרֶיהָ
קָדָשֵׁינוּ	נְעָרֵינוּ
קָדָשֵׁיכֶם קָדָשֵׁיכֶן ↖ komets de secours	נְעָרֵיכֶם נְעָרֵיכֶן
קָדָשֵׁיהֶם קָדָשֵׁיהֶן	נְעָרֵיהֶם נְעָרֵיהֶן

Remarque préalable : Sous la gutturale ע le cheva se colore en ֲ qui se change en voyelle brève devant un autre cheva [règle n°5 sur les gutturales].

מַלְכָּה (classe a = la reine)	
PLURIEL	**SINGULIER**
מַלְכוֹתַי (mes reines)	מַלְכָּתִי (ma reine)
מַלְכוֹתַיִךְ　מַלְכוֹתֶיךָ	מַלְכָּתֵךְ　מַלְכָּתְךָ
מַלְכוֹתֶיהָ　מַלְכוֹתָיו	מַלְכָּתָהּ　מַלְכָּתוֹ
מַלְכוֹתֵינוּ	מַלְכָּתֵנוּ
מַלְכוֹתֵיכֶן　מַלְכוֹתֵיכֶם	מַלְכַּתְכֶן　מַלְכַּתְכֶם
מַלְכוֹתֵיהֶן　מַלְכוֹתֵיהֶם	מַלְכָּתָן　מַלְכָּתָם

Exercices

1. Version

תִּשְׁלַח לַחְמְךָ עַל פְּנֵי הַמָּיִם :

2. Thème

Il a donné son pain à son serviteur.

Vocabulaire

parole, ordre	אֹמֶר ז׳
cèdre	אֶרֶז ז׳
héros, guerrier	גִּבּוֹר ז׳
connaissance, science	דַּעַת ז׳ ou נ׳
agrandir, rendre grand	הִגְדִּיל
victime, sacrifice	זֶבַח ז׳
Ezéchias	חִזְקִיָּה et חִזְקִיָּהוּ
grâce, faveur	חֵן ז׳
ceinture	חֵשֶׁב ז׳
désir, délices	חֵשֶׁק ז׳
reine	מַלְכָּה נ׳
vallée	עֵמֶק ז׳
image taillée, statue	פֶּסֶל ז׳
droiture, justice	צֶדֶק ז׳
brûler	שָׂרַף

Leçon 23

La 4ᵉ flexion : les participes

La conjugaison QAL distingue un participe actif et un participe passif qui sont plutôt des adjectifs verbaux qui s'accordent avec le sujet dont ils dépendent.

> Exemple : le « gardant » d'Israël = celui qui garde Israël. Le participe sera au masculin singulier.

Ces adjectifs verbaux peuvent être employés comme nom et suivre sa flexion.

> Exemple : le « gardant » de toi = celui qui te garde. On peut ajouter le suffixe personnel 2ᵉ masculin singulier.

I. Le participe actif

La vocalisation de base est : קוֹטֵל

Dans sa flexion,

- le וֹ ou le ◻ reste **immuable**

- le (◌ֵ) tséré se change

    1. en cheva (◌ְ) quand la syllabe s'ouvre.

    2. en ségol (◌ֶ) et quelquefois en hiriq quand la syllabe perd l'accent en restant fermée (c'est-à-dire devant ־, כֶם et כֶן).

Formes diverses :

masc. sg : קוֹטֵל   masc. pl : קֹטְלִים   construit pluriel : קֹטְלֵי

fém. sg : קוֹטְלָה   construit fém. sg : קֹטֶלֶת   fém. pl : קֹטְלוֹת

construit fém. pl : קֹטְלוֹת

La flexion de ce participe actif est en fait le type de la 4ᵉ flexion.

קֹטֵל (=tuant)	אוֹיֵב (=haïssant)
SINGULIER	
קֹטְלִי (le tuant de moi)	אוֹיְבִי (le haïssant de moi= mon adversaire)
קֹטְלֵךְ קֹטְלְךָ	אוֹיְבֵךְ אוֹיִבְךָ
קֹטְלָהּ קֹטְלוֹ	אוֹיְבָהּ אוֹיְבוֹ
קֹטְלֵנוּ	אוֹיְבֵנוּ
קֹטְלְכֶן קֹטְלְכֶם	אוֹיִבְכֶן אוֹיִבְכֶם
קֹטְלָן קֹטְלָם	אוֹיְבָן אוֹיְבָם
PLURIEL	
קֹטְלַי (ceux qui me tuent)	אוֹיְבַי (mes adversaires)
קֹטְלַיִךְ קֹטְלֶיךָ	אוֹיְבַיִךְ אוֹיְבֶיךָ
קֹטְלֶיהָ קֹטְלָיו	אוֹיְבֶיהָ אוֹיְבָיו
קֹטְלֵינוּ	אוֹיְבֵינוּ
קֹטְלֵיכֶן קֹטְלֵיכֶם	אוֹיְבֵיכֶן אוֹיְבֵיכֶם
קֹטְלֵיהֶן קֹטְלֵיהֶם	אוֹיְבֵיהֶן אוֹיְבֵיהֶם

II. Le participe passif

masc. sg : קָטוּל (tué)   masc. pl : קְטוּלִים (tués)

fém. sg : קְטוּלָה (tuée)   fém. pl : קְטוּלוֹת (tuées)

Exemple : כַּכָּתוּב = { comme ce qui est écrit.
cela est écrit.

Exercices

1. Version

סוֹמֵךְ יהוה לְכָל־הַנֹּפְלִים וְזוֹקֵף לְכָל־הַכְּפוּפִים :

2. Thème

L'Eternel est celui qui me soutient.

Vocabulaire

désirer, aimer	אָהַב
derrière, dernier	אַחֲרוֹן
redresser, relever	זָקַף
voir, avoir des visions	חָזָה
plier, courber	כָּפַף
tomber	נָפַל
appuyer, mettre, soutenir	סָמַךְ
assemblée, communauté	עֵדָה נ׳
secourir, aider, assister	עָזַר
lancer des pierres, lapider	רָגַם
sept	שֶׁבַע נ׳
sept	שִׁבְעָה ז׳

Leçon 24

La flexion des prépositions, des particules et des adverbes

Tout comme les noms, les prépositions (ex : בְּ, לְ), les particules (ex : אֵת = COD) et les adverbes (ex : עוֹד = encore, כֹּל = tout) peuvent porter des suffixes personnels.

Exemple : il m'a dit : הוּא אָמַר לִי

Certaines prépositions sont dites « à forme du singulier », car elles portent les suffixes personnels du nom singulier. D'autres sont dites « à forme du pluriel » car elles portent les suffixes amalgames du nom masculin pluriel.

I. Les prépositions, les particules et les adverbes « à forme du singulier »

1. Les prépositions בְּ et לְ prennent les suffixes personnels sans problème, si ce n'est qu'il y a des variantes de formes.

לְ = à, pour		בְּ = en, dans, sur, avec		Remarques
לִי		בִּי		(1) en pause, avec l'etnah on a : בָּךְ
לָךְ	לְךָ (3)	בָּךְ	בְּךָ (1)	(2) ou בָּם
לָהּ	לוֹ	בָּהּ	בּוֹ	(3) en pause לָךְ
	לָנוּ		בָּנוּ	(4) ou לָהֵנָּה
לָכֶנָה	לָכֶם		בָּכֶם	
לָהֵן (4)	לָהֶם	בָּהֶן	בָּהֶם (2)	

2. Le particule אֵת introduisant un COD (complément d'objet direct) prend la forme :

suffixes personnels + אֹת.

Et il ne faut pas le confondre avec l'adverbe אֵת (=avec) qui prend la forme :

suffixes personnels + אִת

Enfin, l'adverbe עִם (=avec) redouble son מ quand il prend les suffixes personnels.

עִם = avec	אֵת = avec	אֵת = COD
עִמִּי / עִמָּדִי	אִתִּי	אֹתִי
עִמָּךְ (7)עִמְּךָ	אִתָּךְ (6)אִתְּךָ	אֹתָךְ (5)אֹתְךָ
עִמָּהּ עִמּוֹ	אִתָּהּ אִתּוֹ	אֹתָהּ אֹתוֹ
עִמָּנוּ	אִתָּנוּ	אֹתָנוּ
עִמָּכֶם	אֶתְכֶם	אֶתְכֶם
(8)עִמָּהֶם	אִתָּם	אֹתָם אֹתָן

Remarques :

(5) en pause אֹתָךְ

(6) en pause אִתָּךְ

(7) en pause עִמָּךְ

(8) ou עִמָּם

3. Certaines prépositions, particules et adverbes ne gardent pas la forme simple mais se renforcent par répétition de la syllabe. C'est fréquent en malgache : « tsaratsara, mangamanga ».

Exemple : a) מִן = hors de, devient מִמֶּנִּי = hors de moi

b) הִנֵּה = voici, devient הִנְנִי = me voici

c) אֵין = il n'y a pas, devient אֵינֶנִּי = je ne suis pas

d) עוֹד = encore, devient עוֹדֶנִּי = encore moi

e) כְּ = comme, prend la forme כָּמוֹ = comme lui

Pour tous ces cas, on dit qu'on a des **suffixes personnels énergisés**.

כְּ = comme	עוֹד = encore (adv)	אֵין = il n'y a pas, néant de	הִנֵּה = voici, là (adv)	מִן = hors de, plus que
כָּמוֹנִי	עוֹדֶנִּי	אֵינֶנִּי	הִנְנִי (10)	מִמֶּנִּי
כָּמוֹךָ	עוֹדְךָ	אֵינְךָ	הִנְּךָ (11)	מִמְּךָ
	עוֹדֵךְ	אֵינֵךְ	הִנֵּךְ	מִמֵּךְ
כָּמוֹהוּ	עוֹדֶנּוּ	אֵינֶנּוּ	הִנּוֹ	מִמֶּנּוּ
כָּמוֹהָ	עוֹדֶנָּה	אֵינֶנָּה		מִמֶּנָּה
כָּמוֹנוּ		אֵינֶנּוּ	הִנְנוּ (12)	מִמֶּנּוּ
בָּכֶם (13)		אֵינְכֶם	הִנְּכֶם	מִכֶּם
				מִכֶּן
כָּהֵם (14)	עוֹדָם	אֵינָם	הִנָּם	מֵהֶם
כָּהֵנָּה				מֵהֶן (9)

Remarques :

(9) ou : מֵהֵנָּה

(10) en pause : הִנֵּנִי

(11) en pause : הִנָּךְ

(12) en pause הִנֵּנוּ

(13) ou כְּמוֹכֶם

(14) ou כְּמוֹהֶם

II. Les prépositions, les particules et les adverbes « à forme du pluriel »

Ils vont porter les suffixes amalgames du nom masculin pluriel.

עַל = sur, au-dessus	אֶל = vers, à
עָלַי	אֵלַי
עָלַיִךְ עָלֶיךָ	אֵלַיִךְ אֵלֶיךָ
עָלֶיהָ עָלָיו	אֵלֶיהָ אֵלָיו
עָלֵינוּ	אֵלֵינוּ
עֲלֵיכֶן עֲלֵיכֶם	אֲלֵיכֶם
עֲלֵיהֶן ⁽²⁾ עֲלֵיהֶם	אֲלֵיהֶן ⁽¹⁾ אֲלֵיהֶם

(1) Très souvent אֲלֵהֶם

(2) on trouve aussi עָלֵימוֹ = sur eux

עַד = jusqu'à	אַחַר (אַחֲרֵי) = après
עָדַי	אַחֲרַי
עָדֶיךָ	אַחֲרֶיךָ אַחֲרַיִךְ
עָדֶיהָ עָדָיו	אַחֲרָיו אַחֲרֶיהָ
	אַחֲרֵינוּ
עֲדֵיכֶם ⁽³⁾	אַחֲרֵיכֶם
	אַחֲרֵיהֶם אַחֲרֵיהֶן

(3) au lieu de עֲדֵיכֶם la préposition retient le qamats exceptionnellement.

III. La flexion mixte de la préposition בֵּין

(= entre) qui prend les suffixes normaux au singulier et les suffixes amalgames au pluriel.

SINGULIER	PLURIEL
בֵּינִי	בֵּינֵינוּ
בֵּינְךָ בֵּינֵךְ	בֵּינֵיכֶם
בֵּינוֹ [4]	בֵּינֵיהֶם

(4) on trouve aussi : בֵּנוֹ (Jos 3.4 ; 8.11)

Exercices

1. Version

א - כֹּה אָמַר פַּרְעֹה אֵינֶנִּי נֹתֵן לָכֶם תֶּבֶן :

ב - אֵינְךָ יוֹדֵעַ מַה־דֶּרֶךְ הָרוּחַ :

ג - הִנֵּה הַמַּלְאָךְ הַדֹּבֵר לִי יֹצֵא וּמַלְאָךְ אַחֵר יָצָא לִקְרָאתוֹ :

2. Thème

Le roi t'enverra vers le sage de ta ville.

Vocabulaire

autre	אַחֵר
après, derrière	אַחֲרֵי
choisir, élire	בָּחַר
entre	בֵּין
point, sans que, sans, hors	בִּלְתִּי
autour, en faveur de	בְּעַד et בַּעַד
il y a, il est	יֵשׁ (יֶשׁ-)
ainsi, de cette manière	כֹּה
comme	כְּמוֹ
à cause de, en faveur de	לְמַעַן
devant, avant	לִפְנֵי
au-devant de	לִקְרַאת
régner, être roi	מָלַךְ
en face, vis-à-vis, devant	נֶגֶד
autour	סָבִיב
souffle, vent, esprit	רוּחַ נ׳
paille	תֶּבֶן ז׳

Leçon 25

Le vaw consécutif (ou conversif) וֹ*

Nous connaissons la conjonction de coordination וְ qui est un préfixe accolé au mot qui le suit. Le וֹ consécutif ou conversif est tout autre chose. Pour indiquer une série d'actions qui se succèdent dans le temps ou qui découlent les unes des autres, l'hébreu use d'un procédé original :

1. **Si la série des actions est accomplie**, le premier verbe se met à l'accompli et ceux qui suivent à l'inaccompli, préfixés d'un vaw vocalisé comme l'article (avec redoublement de la consonne suivante).

et * = וַ préfixe
         ↓
      dagesh fort

David **régna** sur tout Israël, il **jugea** le peuple avec justice et **garda** la loi de l'Eternel.

מָלַךְ דָּוִד עַל־כָּל־יִשְׂרָאֵל וַיִּשְׁפֹּט אֶת־הָעָם

2ᵉ verbe : inaccompli + וַ   1ᵉʳ verbe : accompli

בְּמִשְׁפָּט וַיִּשְׁמֹר אֶת־תּוֹרַת יהוה

3ᵉ verbe : inaccompli + וַ

Cette forme verbale וַיִּקְטֹל est la forme verbale privilégiée de la narration, le « temps historique ». La 1ʳᵉ forme verbale à l'accompli qui introduit normalement la série peut être implicite (peut ne pas apparaître).

Ainsi, en Genèse 8.1 il est écrit :

וַיִּזְכֹּר אֱלֹהִים אֶת־נֹחַ : Et Dieu se souvint de Noé.

Remarque : Il est bon de retenir la forme verbale de deux verbes irréguliers usuels avec le ו consécutif à l'inaccompli :

    a.   הָיָה = être   à l'inaccompli : יִהְיֶה = il sera

                                                                                       וַיְהִי = et il fut, et il était

    b.   אָמַר = dire   à l'inaccompli : יֹאמַר = il dira

                                                                                       וַיֹּאמֶר = et il a dit ou et il dit (passé simple)

Note : Lorsque la forme verbale commence par la syllabe יְ, le dagesh fort du ו disparaît.

Exemple : וַיְדַבֵּר = et il parla

2. **Si la série des actions est inaccomplie**, le 1ᵉʳ verbe se met à l'inaccompli et les autres à l'accompli, préfixés d'un vaw pointé cheva vocal comme le ו conjonction de coordination.

                                        et* = וְ

et* il tuera : וְקָטַל   il a tué = קָטַל

Il est plus difficile de distinguer ce ו consécutif du ו conjonctif. C'est le temps du ou des verbes qui précèdent dans le récit qui permettra de faire la distinction.

Exemple : Exode 13.10

וְשָׁמַרְתָּ אֶת־הַחֻקָּה הַזֹּאת : et tu garderas cette prescription.

L'accent tonique avance avec les suffixes consonantiques légers.

וְשָׁמַרְתָּ = et tu as gardé

Exercices

1. Version

וַיִּשְׁפֹּט שְׁמוּאֵל אֶת־יִשְׂרָאֵל כֹּל יְמֵי חַיָּיו :

2. Thème

   Ils montèrent à Mitspa et oignirent David comme roi sur Israël.

Vocabulaire

Seigneur	אֲדֹנָי
se souvenir	זָכַר
usage, loi, droit	חֹק ז׳ חֻקִּים
Laban	לָבָן
table (sur laquelle on écrit)	לוּחַ ז׳ לֻחֹת
cent	מֵאָה
deux cents	מָאתַיִם
Mitspa	מִצְפָּה
vingt	עֶשְׂרִים
boire	שָׁתָה

Leçon 26

Le Niphal

I. Rappel

Dans le système verbal hébraïque, la forme simple combinée avec la voix active donne la modulation Qal (= léger). La forme simple combinée avec la voix passive et avec la voix réfléchie donne le Niphal.

Exemple : il a gardé שָׁמַר (Qal)

Il a été gardé
il s'est gardé
} נִשְׁמַר (Niphal)

Parfois, on appelle cette conjugaison le נִקְטַל

II. Formation du Niphal

Primitivement, le niphal dérivait du Qal par préfixation de la syllabe הִן. De cette syllabe, il ne reste que :

1. le נ à l'accompli et au participe.

2. Le ה à l'impératif et à l'infinitif, avec le dagesh pour remplacer le נ.

3. À l'inaccompli, le ה est avalé par le préfixe personnel et le נ est assimilé à la **1ʳᵉ radicale** en la **redoublant**.

Exemples :

1. Formation de l'accompli :

    1ʳᵉ sg Qal accompli: קָטַלְתִּי ⟶ נִקְטַלְתִּי Niphal accompli, 1ʳᵉ sg

    cheva muet car l'accent est gardé

Formation du participe passif :

   Participe passif Qal, masc. sg : קָטוּל ⟶ נִקְטָל

   sous la 2ᵉ radicale caractérise les participes passifs Niphal

2. Formation de l'impératif

   Impératif Qal, 2ᵉ masc. sg : קְטֹל ⟶ הִקָּטֵל

   i, a, e caractérisent l'inaccompli Niphal

3. Formation de l'inaccompli

   1ʳᵉ sg, Qal inaccompli : אֶקְטֹל   אִקָּטֵל

La vocalisation i, a, e est maintenue sauf aux 2ᵉ et 3ᵉ féminin pluriel : תִּקָּטַלְנָה

CONJUGAISON DU NIPHAL

INFINITIFS	PARTICIPE		INDICATIF	
			INACCOMPLI	ACCOMPLI
Absolu : הִקָּטֹל	Participe passif uniquement et qui fait double emploi avec le Qal		אֶקָּטֵל (je serai tué, je me tuerai)	נִקְטַלְתִּי נִקְטַלְנוּ
	נִקְטָלָה נִקְטָל		תִּקָּטֵל נִקָּטֵל	נִקְטַלְתָּ נִקְטַלְתֶּם
Construit : הִקָּטֵל	tuée tué		תִּקָּטְלִי תִּקָּטֵל	נִקְטַלְתְּ נִקְטַלְתֶּן
	נִקְטָלוֹת נִקְטָלִים		יִקָּטֵל	נִקְטַל
	tuées tués		תִּקָּטַלְנָה יִקָּטְלוּ ils seront tués,	נִקְטְלָה נִקְטְלוּ
	le qamats sous la 2ᵉ radicale caractérise les participes passifs « niphal »		תִּקָּטַלְנָה תִּקָּטְלוּ ils se tueront	ils ou elles ont été tué(e)s, ils ou elles se sont tué(e)s
			elles seront tuées, elles se tueront	
	JUSSIF		IMPÉRATIF	COHORTATIF
	יִקָּטֵל תִּקָּטֵל		הִקָּטֵל הִקָּטְלִי	אֶקָּטְלָה
	תִּקָּטַלְנָה יִקָּטְלוּ		הִקָּטַלְנָה הִקָּטְלוּ	נִקָּטְלָה

Exercices

1. Version

   וְגָלִיתִי בִירוּשָׁלַיִם וְשַׂשְׂתִּי בְעַמִּי וְלֹא־יִשָּׁמַע בָּהּ עוֹד קוֹל בְּכִי וְקוֹל זְעָקָה :

2. Thème

   Ils volaient et vendaient les choses volées au roi d'Israël.

Vocabulaire

si, quoique, ou, mais, certes	אִם
pleurs, larmes	בְּכִי ז'
être haut, élevé	גָּבַהּ
se réjouir	גָּל (גּוּל ou גִיל)
voler, dérober, enlever	גָּנַב
cri, plainte, supplication	זְעָקָה נ'
ainsi, de cette manière	כֵּן
désert	מִדְבָּר ז'
vendre	מָכַר
être gardé, prendre garde	נִשְׁמַר
être jugé, exercer la justice	נִשְׁפַּט
se réjouir	שָׂשׂ (שִׂישׂ) et שׂוּשׂ
tourterelle	תֹּר et תּוֹר נ' ou ז'

Leçon 27

Le Piel

Le Piel est la combinaison de la forme intensive avec la voix active. L'action évoquée par le verbe au Piel est faite d'une manière intensive.

Exemples : 1. il a tué : קָטַל (Qal accompli)

il a massacré ou tué intensément : קִטֵּל (Piel accompli)

2. il a appris : לָמַד

il a enseigné : לִמֵּד

Formation du Piel :

Le Piel est dérivé du Qal selon les lois générales suivantes :

1. Redoublement de la 2ᵉ radicale. Autrement dit, la 2ᵉ consonne du verbe prend le dagesh fort.

2. Certaines préférences pour le tséré (ֵ) sous cette deuxième radicale.

3. La voyelle des préfixes à l'inaccompli et au participe est cheva vocal (ְ).

CONJUGAISON DU PIEL

Piel accompli	Qal accompli
קִטַּלְתִּי	קָטַלְתִּי
קִטַּלְתְּ　קִטַּלְתָּ	קָטַלְתְּ　קָטַלְתָּ
קִטְּלָה　קִטֵּל	קָטְלָה　קָטַל
קִטַּלְנוּ	קָטַלְנוּ
קִטַּלְתֶּן　קִטַּלְתֶּם	קְטַלְתֶּן　קְטַלְתֶּם
קִטְּלוּ	קָטְלוּ

Suffixes vocaliques : changement en cheva vocal de la voyelle précédente.

Remarques :

Le redoublement de la 2ᵉ radicale ferme la 1ʳᵉ syllabe dont la voyelle ◌ָ se trouve abrégé en ◌ִ.

Piel inaccompli	Qal inaccompli
אֲקַטֵּל	אֶקְטֹל
תְּקַטְּלִי　תְּקַטֵּל	תִּקְטְלִי　תִּקְטֹל
תְּקַטֵּל　יְקַטֵּל	תִּקְטֹל　יִקְטֹל
נְקַטֵּל	נִקְטֹל
תְּקַטֵּלְנָה　תְּקַטְּלוּ	תִּקְטֹלְנָה　תִּקְטְלוּ
תְּקַטֵּלְנָה　יְקַטְּלוּ	תִּקְטֹלְנָה　יִקְטְלוּ

Suffixes vocaliques : changement en cheva vocal de la voyelle précédente.
Remarque: La 1ʳᵉ radicale inaccompli Piel est pointée patah partout.

Modes volitifs :

Cohortatif : אֶקְטְלָה   נְקַטְּלָה
que je massacre.   que nous massacrons.

Impératif : קִטְלִי   קַטֵּל   : Massacre !
קַטֵּלְנָה   קַטְּלוּ   : Massacrez !

Jussif : תְּקַטֵּל   יְקַטֵּל   qu'il massacre !
תְּקַטֵּלְנָה   יְקַטְּלוּ   qu'ils massacrent !

Infinitif : Absolu : קַטֹּל   mais c'est une forme rare.
Construit : קַטֵּל

Participe : מְקַטְּלָה   מְקַטֵּל — massacrant
מְקַטְּלוֹת   מְקַטְּלִים — préfixe propre à tous les participes intensifs et causatifs

---

Exercices

1. Version

א - הַשָּׁמַיִם מְסַפְּרִים כְּבוֹד־אֵל :
ב - וַיְסַפֵּר הָעֶבֶד לְיִצְחָק אֵת כָּל־הַדְּבָרִים אֲשֶׁר עָשָׂה :

2. Thème

J'ai élevé des fils.

Vocabulaire

faire grandir, élever	גִּדֵּל
parler, dire	דִּבֵּר
fortifier, endurcir, réparer	חִזֵּק
violer, profaner	חִלֵּל
Joseph	יוֹסֵף
enseigner	לִמֵּד
raconter, publier	סִפֵּר
Pharaon	פַּרְעֹה
être pur, être saint	קָדַשׁ
sanctifier, consacrer	קִדֵּשׁ
Sabbat	שַׁבָּת נ׳ ז׳ ou שַׁבָּתוֹת
mensonge, fausseté	שֶׁקֶר ז׳

Leçon 28

Le Pual

Le Pual est l'intensif passif, c'est-à-dire la combinaison de la forme intensive avec la voix passive. En quelque sorte, c'est le passif du Piel. Le Pual se décalque assez facilement du Piel uniquement par changement de voyelles : toujours : ☐ ֻ ☐ ַ ☐.

dagesh

Pual accompli	Piel accompli
קֻטַּלְתִּי j'ai été massacré	קִטַּלְתִּי
קֻטַּלְתְּ קֻטַּלְתָּ	קִטַּלְתְּ קִטַּלְתָּ
קֻטְּלָה קֻטַּל	קִטְּלָה קִטֵּל
קֻטַּלְנוּ	קִטַּלְנוּ
קֻטַּלְתֶּן קֻטַּלְתֶּם	קִטַּלְתֶּן קִטַּלְתֶּם
קֻטְּלוּ	קִטְּלוּ

Pual inaccompli	Piel inaccompli
אֲקֻטַּל je serai massacré	אֲקַטֵּל
תְּקֻטְּלִי תְּקֻטַּל	תְּקַטְּלִי תְּקַטֵּל
תְּקֻטַּל יְקֻטַּל	תְּקַטֵּל יְקַטֵּל
נְקֻטַּל	נְקַטֵּל
תְּקֻטַּלְנָה תְּקֻטְּלוּ	תְּקַטֵּלְנָה תְּקַטְּלוּ
תְּקֻטַּלְנָה יְקֻטְּלוּ	תְּקַטֵּלְנָה יְקַטְּלוּ

Participe : de sens passif préfère le qamats (ָ)   מְקֻטָּל
Les **autres modes** n'existent presque pas.

Exercices

1. Version

הִנֵּה צַדִּיק יְשֻׁלַּם בָּאָרֶץ :

2. Thème

Il se leva et dit : « La faute de Samarie ne sera pas expiée ! »

Vocabulaire

être cherché, être examiné	בֻּקַּשׁ
expier	כִּפֶּר
être pardonné, être expié	כֻּפַּר
parole, ce qui est dit, oracle	נְאֻם ז׳
veau	עֵגֶל ז׳ עֲגָלִים
péché, faute	עָוֹן ז׳ עֲוֹנוֹת
Esaü	עֵשָׂו
être consacré, être sanctifié	קֻדַּשׁ
se lever	קָם (קוּם)
payer, récompenser	שִׁלֵּם
être payé, être récompensé	שֻׁלַּם

Leçon 29

Le Hithpael

Le Hithpael est la combinaison de la forme intensive avec la voix réfléchie. C'est donc le réflexif du Piel avec le préfixe הִתְ et avec la voyelle patah sous la première radicale.

Hithpael accompli	Piel accompli
Je me suis massacré	
הִתְקַטַּ֫לְתִּי	קִטַּ֫לְתִּי
הִתְקַטַּלְתְּ הִתְקַטַּ֫לְתָּ	קִטַּלְתְּ קִטַּ֫לְתָּ
הִתְקַטְּלָה הִתְקַטֵּל	קִטְּלָה קִטֵּל
הִתְקַטַּ֫לְנוּ	קִטַּ֫לְנוּ
הִתְקַטַּלְתֶּן הִתְקַטַּלְתֶּם	קִטַּלְתֶּן קִטַּלְתֶּם
הִתְקַטְּלוּ	קִטְּלוּ

Remarques :

À l'inaccompli, le ה du préfixe הִתְ sera absorbé par les préfixes de l'inaccompli.

Hithpael inaccompli	Piel inaccompli
Je me massacrerai	
אֶתְקַטֵּל	אֲקַטֵּל
תִּתְקַטְּלִי תִּתְקַטֵּל	תְּקַטְּלִי תְּקַטֵּל
תִּתְקַטֵּל יִתְקַטֵּל	תְּקַטֵּל יְקַטֵּל
נִתְקַטֵּל	נְקַטֵּל

תִּתְקַטֵּלְנָה⁽²⁾	תִּתְקַטְּלוּ	תִּקְטֵלְנָה	תִּקְטְלוּ
תִּתְקַטֵּלְנָה⁽²⁾	יִתְקַטְּלוּ	תִּקְטֵלְנָה	יִקְטְלוּ

(2) On a aussi souvent la forme תִּתְקַטַּלְנָה

Participe :

Le מְ du participe intensif va aussi absorber le ה du préfixe הִת

      Hithpael   ⟵   Piel

      מִתְקַטֵּל   מְקַטֵּל

   (se massacrant)

Infinitif :

Construit : הִתְקַטֵּל

Modes volitifs :

1. Cohortatif : נִתְקַטְּלָה   אֶתְקַטְּלָה

2. Impératif (2ᵉ personne et dérivé du Piel) :

      הִתְקַטְּלִי   הִתְקַטֵּל
      הִתְקַטֵּלְנָה   הִתְקַטְּלוּ

3. Jussif :

      תִּתְקַטֵּל   יִתְקַטֵּל
      תִּתְקַטֵּלְנָה   יִתְקַטְּלוּ

Quelques particularités de la langue :

1. Lorsque la 1re radicale du verbe est une consonne sifflante (ס, שׁ, שׂ), il y a **métathèse** (la sifflante change de place avec le ת)

    Exemple : Il s'est gardé : הִתְשַׁמֵּר ⟶ הִשְׁתַּמֵּר

    ts est difficile à prononcer   st est plus facile

2. Lorsque la 1re radicale du verbe est un צ, le ת change de place avec le צ et se transforme en ט.

    Exemple : Il s'est justifié : הִתְצַדֵּק ⟶ הִצְטַדֵּק

    tts est difficile   tst est plus facile

3. Lorsque la 1re radicale du verbe est dentale (ד, ט, ת), le ת du préfixe **s'assimile** à la dentale en la redoublant.

    Exemple : Il s'est écrasé : הִתְדַכָּא ⟶ הִדַּכָּא

Exercices

1. Version

א - וַיִּתְקַבְּצוּ יַחְדָּו לְהִלָּחֵם עִם‑[1]יְהוֹשֻׁעַ וְעִם‑יִשְׂרָאֵל פֶּה אֶחָד :

ב - וַיִּתְפָּקֵד הָעָם וְהִנֵּה אֵין־שָׁם אִישׁ מִיּוֹשְׁבֵי יָבֵשׁ גִּלְעָד :

2. Thème

L'homme fidèle, c'est celui qui sera loué.

---

1. עִם a le sens de « contre ».

Vocabulaire

s'écraser, s'opprimer	הִדַּכֵּא
se souiller, se rendre impur	הִטַּמֵּא
se cacher	הִסְתַּתֵּר
se justifier	הִצְטַדֵּק
se garder	הִשְׁתַּמֵּר
être loué, se louer	הִתְהַלֵּל
être recensé	יִתְפָּקֵד
se purifier, se sanctifier	הִתְקַדֵּשׁ
vivant	חַי
Josué	יְהוֹשֻׁעַ et יהושוע
ensemble	יַחְדָּו et יַחְדָּיו
la droite	יָמִין
combattre, se faire la guerre	נִלְחַם
jurer	נִשְׁבַּע
chercher, visiter, intervenir	פָּקַד

Leçon 30

Le ה d'interrogation –
Le ה de direction

I. Le ה d'interrogation.

La proposition interrogative en hébreu peut être introduite par des pronoms ou des adverbes interrogatifs :

לָמָה = pourquoi ?   אֵיךְ = comment ?

מִי = qui ? (pour les personnes)   מָה = quoi ? (pour les choses)

On peut aussi préfixer au 1er mot de la proposition הֲ qui correspond à la locution : « Est-ce-que … »

Exemple : As-tu mangé de l'arbre ?   הֲמִן־הָעֵץ אָכַלְתָּ

Le ה d'interrogation est pointé suivant trois cas :

1. הֲ devant une consonne normale (non gutturale) avec une voyelle pleine.

   Exemple : Est-ce qu'il gardera ? הֲיִשְׁמֹר

2. הַ devant un cheva vocal ou une gutturale. [Règle 8 : deux cheva vocal qui fusionnent avec une seule syllabe pointée patah de secours).

   Exemple : - Avez-vous gardé ? הַשְׁמַרְתֶּם

   - Est-ce toi qui as mangé de l'arbre ? הַאַתָּה אָכַלְתָּ מִן־הָעֵץ

3. הַ devant une gutturale vocalisée d'un qamats gadol (הָ).

   Exemple : Est-ce un sage ? הֶחָכָם

   Seulement ce mot הֶחָכָם peut aussi se traduire par « le sage » (cf. tableau sur l'article défini avec les gutturales).

II. Le ה de direction.

L'idée de direction vers un lieu peut s'exprimer en hébreu par הָ **final non accentué**, qu'on appelle aussi ה paragogique.

   Exemple : vers la montagne :   הָהָ֫רָה

   vers le désert :   מִדְבָּ֫רָה

Exercices

1. Préfixer par le ה d'interrogation et traduire :

   זְכַרְתֶּם ; אֲהַבְתְּ ; אֶלְמֹד

2. Thème

   Il vola tous les ustensiles qui se trouvaient dans la maison de l'Eternel et il revint à Samarie.

Vocabulaire

ou	אוֹ
après, derrière, ensuite	אַחַר
comment ? ah ! comme !	אֵיךְ
frontière, limite	גְּבוּל et גְּבֶל ז׳
mer	יָם ז׳ יַמִּים
descendre, tomber, déchoir	יָרַד
ustensile, vase, instrument	כְּלִי ז׳ כֵּלִים
pourquoi ?	לָמָה , לָמָּה , לָמֶה
midi, sud	נֶגֶב
poussière	עָפָר ז׳
se tourner	פָּנָה
l'est, l'orient	קֶדֶם
retourner, revenir	שָׁב (שׁוּב)
adversaire, accusateur	שָׂטָן

Leçon 31

Le Hiphil

I. Sens

C'est la combinaison de la forme causative avec la voix active. Cette conjugaison est essentiellement causative : faire en sorte que l'idée exprimée par la racine se passe, faire faire l'action.

Exemple : מָלַךְ = régner   Faire régner, établir roi, introniser הִמְלִיךְ (hiphil)

II. Formation

> Le hiphil dérive du Qal selon les lois suivantes :
>
> 1. Préfixation de הִ
>
> 2. ִי accentué sous la 2ᵉ radicale (sauf avec les suffixes consonantiques).

III. Conjugaison

a. L'accompli

- Le préfixe הִ va former avec la 1ʳᵉ radicale une syllabe fermée ☐ִ☐.

    cheva muet

Hiphil accompli	Qal accompli
הִקְטַֽלְתִּי j'ai fait tuer	קָטַֽלְתִּי
הִקְטַלְתְּ הִקְטַֽלְתָּ	קָטַלְתְּ קָטַֽלְתָּ
הִקְטִֽילָה הִקְטִיל	קָטְלָה קָטַל
הִקְטַֽלְנוּ	קָטַֽלְנוּ
הִקְטַלְתֶּן הִקְטַלְתֶּם	קְטַלְתֶּן קְטַלְתֶּם
הִקְטִֽילוּ	קָטְלוּ

b. *L'inaccompli*

- Le préfixe הֹ est assimilé par le préfixe personnel qui du coup porte la voyelle ☐ et forme avec la 1ʳᵉ radicale une syllabe fermée.

  1ʳᵉ radicale   préfixe personnel

- Avec le suffixe consonantique נָה (2ᵉ et 3ᵉ fém. pl), le י sous la 2ᵉ radicale se change en tséré (☐).

Hiphil inaccompli	Qal inaccompli
אַקְטִיל je ferai tuer	אֶקְטֹל
תַּקְטִֽילִי תַּקְטִיל	תִּקְטְלִי תִּקְטֹל
תַּקְטִיל יַקְטִיל	תִּקְטֹל יִקְטֹל
נַקְטִיל	נִקְטֹל
תַּקְטֵֽלְנָה תַּקְטִילוּ	תִּקְטֹֽלְנָה תִּקְטְלוּ
תַּקְטֵֽלְנָה יַקְטִילוּ	תִּקְטֹֽלְנָה יִקְטְלוּ

c. Les modes volitifs

- À l'impératif, le préfixe personnel tombe et le ה réapparaît : ◌ַ◌ֲה.

י se change en ◌ֶ en syllabe fermée.

- Au jussif singulier, le י s'abrège en ◌ֵ. Il en est de même **avec le ו conversif** :

    et * il établit roi : וַיַּמְלֵךְ

    1. Cohortatif :

    אַקְטִילָה   נַקְטִילָה

    2. Impératif :

    הַקְטֵל   הַקְטִילִי
    הַקְטִילוּ   הַקְטֵלְנָה

    3. Jussif :

    יַקְטֵל   תַּקְטֵל
    יַקְטִילוּ   תַּקְטֵלְנָה

d. Participe

מַקְטִיל

e. Infinitifs

Absolu : הַקְטֵל   Construit : הַקְטִיל

Exercices

1. Version

וְעַתָּה כֹּה־אָמַר יהוה אֱלֹהֵי צְבָאוֹת אֱלֹהֵי יִשְׂרָאֵל לָמָה
אַתֶּם עֹשִׂים רָעָה גְדוֹלָה אֶל־נַפְשֹׁתְכֶם לְהַכְרִית לָכֶם
אִישׁ־וְאִשָּׁה עוֹלֵל וְיוֹנֵק מִתּוֹךְ יְהוּדָה :

2. Thème

Qu'il fasse demeurer ma gloire dans la poussière !

Vocabulaire

exterminer, ruiner, retirer	הִכְרִית
faire, établir roi	הִמְלִיךְ
faire approcher, présenter	הִקְרִיב
rassasier	הִשְׂבִּיעַ
faire demeurer	הִשְׁכִּין
nourrisson	יוֹנֵק ז׳
réunion, rencontre, fête	מוֹעֵד ז׳
mission, travail, ouvrage	מְלָאכָה נ׳
jeune enfant	עוֹלֵל et עוֹלָל ז׳
faire, agir	עָשָׂה
mal, malheur, méchanceté	רָעָה נ׳

Leçon 32

Le Hophal

Le Hophal est la combinaison de la forme causative avec la voix passive. C'est le passif du Hiphil. Le Hophal se décalque assez facilement du Hiphil uniquement par changement de voyelles :

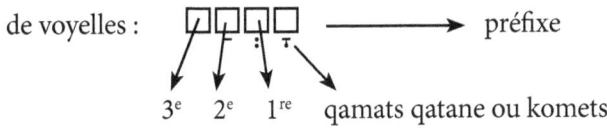

          3ᵉ   2ᵉ   1ʳᵉ   qamats qatane ou komets

Exemple : הָקְטַל = « il a été fait tuer » qu'on traduit par « on » en français : on l'a fait tuer.

Dans la conjugaison Hophal, il n'y a pas de modes volitifs, ni d'infinitif construit. Le participe a un qamats sous la 2ᵉ radicale comme tous les participes des formes passives.

I. L'accompli

Hophal accompli		Hiphil	
הָקְטַלְתִּי j'ai été fait tuer, on m'a fait tuer		הִקְטַלְתִּי	
הָקְטַלְתְּ	הָקְטַלְתָּ	הִקְטַלְתְּ	הִקְטַלְתָּ
הָקְטְלָה	הָקְטַל	הִקְטִילָה	הִקְטִיל
הָקְטַלְנוּ		הִקְטַלְנוּ	
הָקְטַלְתֶּן	הָקְטַלְתֶּם	הִקְטַלְתֶּן	הִקְטַלְתֶּם
הָקְטְלוּ		הִקְטִילוּ	

II. L'inaccompli

Hophal inaccompli		Hiphil	
אָקְטַל je serai fait tuer, on me fera tuer		אַקְטִיל	
תָּקְטְלִי	תָּקְטַל	תַּקְטִילִי	תַּקְטִיל
תָּקְטַל	יָקְטַל	תַּקְטִיל	יַקְטִיל
נָקְטַל		נַקְטִיל	
תָּקְטַלְנָה	תָּקְטְלוּ	תַּקְטֵלְנָה	תַּקְטִילוּ
תָּקְטַלְנָה	יָקְטְלוּ	תַּקְטֵלְנָה	יַקְטִילוּ

Infinitif absolu : הָקְטֵל

Participe : מָקְטָל

      ↙   ↘

  qamats   komets

Exercice

Thème

Ils furent établis rois sur les nations au temps du Pharaon Néko.

Vocabulaire

fidélité, vérité, probité	אֱמוּנָה נ׳
être établi roi	הָמְלַךְ
bête, animal	חַיָּה
Les Chaldéens, la Chaldée	כַּשְׂדִּים
règne, royaume	מַלְכוּת נ׳
être assujetti, être vaincu	נִכְבַּשׁ
Néko	נְכֹה et נְכוֹ
s'assembler	נִקְהַל
oiseau	עוֹף ז׳
milieu	תָּוֶךְ ז׳ (תּוֹךְ-)

Leçon 33

Les pronoms suffixés aux verbes

Un pronom personnel COD d'un verbe peut être exprimé de deux façons :

1. Avec la particule אֵת en flexion (cf. leçon 24 sur la flexion des prépositions, particules et adverbes : אֹתִי, אֹתְךָ, אֹתָנוּ, אֶתְכֶם, אֹתָם ...)

2. Mais le plus souvent, en hébreu biblique, le pronom personnel est directement suffixé au verbe.

   Exemple : Il m'a gardé   1. שָׁמַר אֹתִי

   2. שְׁמָרַ֫נִי

Deux problèmes morphologiques se posent lorsqu'on ajoute des pronoms suffixes aux formes verbales :

- La voyelle de liaison (ou d'attache)
- Des modifications vocaliques et même consonantiques de la forme verbale.

I. Formes des suffixes

1. Si le verbe **se termine par une voyelle**, la forme des suffixes sera :

1re singulier	נִי	
2e singulier	ךְ	ךָ
3e singulier	הָ	הוּ
1re pluriel	נוּ	
2e pluriel		כֶם
3e pluriel	ן	ם

Exemple (3e pl, Qal accompli) : ils ont tué

קָטְלוּ
↓
voyelle

ils m'ont tué : קְטָל֫וּנִי

2. Si le verbe **ne se termine pas par une voyelle,** deux cas peuvent se présenter :

   1ᵉʳ cas : À l'accompli, la voyelle de liaison est ◌ָ (qamats long) sauf une fois à la 1ʳᵉ personne du singulier où on a : ◌ַ (patah court).

À l'accompli

1ʳᵉ singulier		נִי ‹
2ᵉ singulier	ךָ	ךְ ‹
3ᵉ singulier	הָ	וֹ
1ʳᵉ pluriel		נוּ ‹
2ᵉ pluriel	כֶן ְ	כֶם ְ
3ᵉ pluriel	ן ָ	ם ָ

Exemple : Il les a rachetés

גְּאָלָם

Il m'a gardé

שְׁמָרַ֫נִי

2ᵉ cas : À l'inaccompli et à l'impératif, la voyelle de liaison est ◌ֶ sauf une fois à la 3ᵉ personne du singulier féminin où l'on a ◌ָ.

À l'inaccompli et à l'impératif

1ʳᵉ singulier		נִי ‹
2ᵉ singulier	ךָ	ךְ ‹
3ᵉ singulier	הָ ‹	הוּ ‹
1ʳᵉ pluriel		נוּ ‹
2ᵉ pluriel	כֶן ְ	כֶם ְ
3ᵉ pluriel	ן	ם

Exemple : envoie-moi !

שְׁלָחֵ֫נִי

Remarques : on rencontre parfois une série de suffixes avec un נ énergique ou épenthéthique (avec dagesh) : נּוּ ‹, נָּה ‹

Remarques générales :

1. Devant les suffixes כֶּם(ן) et ךָ, il n'y a pas de voyelles de liaison mais seulement un cheva vocal.

2. Les infinitifs et les participes prennent les suffixes personnels aux noms plutôt que les suffixes verbaux. (Exemple : Participe actif : 4ᵉ flexion)

3. Pratiquement, les pronoms suffixés aux verbes ne se rencontrent qu'au Qal, au Piel et au Hiphil. (Voix active)

II. Voyelle de la 2ᵉ radicale

1. **Quand la syllabe s'ouvre,**

- le patah (◌ַ) s'allonge en qamats (◌ָ)

    Exemple : il m'a tué (3ᵉ masc. sg, Qal accompli + suffixe 1ʳᵉ sg)

    קְטָלַנִי ⟵ קְטַלַנִי

- Le tséré (◌ֵ) et le holam (◌ֹ) se réduisent en cheva (◌ְ)

    Exemple : il m'a massacré (3ᵉ masc sg, Piel accompli + suffixe 1ʳᵉ sg)

    קִטְּלַנִי ⟵ קִטֵּלַנִי

    il me tuera (3ᵉ masc. sg, Qal inaccompli + suffixe 1ʳᵉ sg)

    יִקְטְלֵנִי ⟵ יִקְטֹלֵנִי

    tue-moi ! (impératif Qal 2ᵉ masc. sg)

    קְטָלֵנִי ⟵ קָטְלֵנִי ⟶ komets

- יִ reste intact

    Exemple : il m'a fait tuer (3ᵉ masc. sg, Hiphil accompli + suffixe 1ʳᵉ sg)

    הִקְטִילַנִי

2. **Quand la syllabe ne s'ouvre pas :**

- le patah (□) s'allonge en qamats (□) devant le pronom 2ᵉ masc. sg : ךָ

  Exemple: il t'a tué (3ᵉ masc. sg, Qal accompli)

  קָטָלְךָ ⟶ קָטַלְךָ

- le patah reste intact devant le pronom 2ᵉ pluriel כֶם, כֶן

  Exemple : il vous a tué (2ᵉ masc. pl)

  קְטַלְכֶם ⟶ קָטַלְכֶם

- le tséré (□) et le holam (□) sont respectivement abrégés en ségol (□) et en komets (□) devant ךָ, כֶם, כֶן

  Exemples : Il t'a massacré (3ᵉ masc. sg, Piel accompli)

  קִטֶּלְךָ ⟶ קִטֵּלְךָ

  Il te tuera (3ᵉ masc. sg, Qal inaccompli)

  יִקְטָלְךָ ⟶ יִקְטֹלְךָ
         ↙
  komets

III. Modifications des consonnes

Dans certains cas de verbes, des **formes primitives** réapparaissent.

1. à la 3ᵉ pers. fém. sg, Qal accompli : קָטְלָה ⟶ קְטָלַת + suffixe

2. à la 2ᵉ pers. fém. sg Qal accompli : קָטַלְתְּ ⟶ קְטַלְתִּי + suffixe

3. à la 2ᵉ pers. masc. pl, Qal accompli : קְטַלְתֶּם ⟶ קְטַלְתּוּ + suffixe

Exercices

1. Analyse complète et traduction des sept verbes suivants :

וַיִּשְׁמְרֵנִי שְׁפָטוּנוּ יִשְׁמָרְךָ שְׁפָטוֹם שְׁמַרְתַּנִי וּשְׁמָרוּ שְׁמָרֵנִי

2. Version

מְכָרְתָּנוּ בְּיַד־אֹיְבֵינוּ וְכָל־הַיּוֹם שְׁאָלוּנוּ אַיֵּה אֱלֹהֵיכֶם :

Vocabulaire

ami	אֹהֵב ז'
mille	אֶלֶף
deux mille	אַלְפַּיִם
loué, béni	בָּרוּךְ
racheter, libérer	גָּאַל
louer, célébrer	הִלֵּל
être en deuil, être désolé	הִתְאַבֵּל
enterrer	קָבַר
dix mille	רִבּוֹ
vingt mille	רִבֹּתַיִם
mal, malheur	רָע ז'

Leçon 34

Les verbes à 1ʳᵉ gutturale

Rappel :

1. On appelle **verbe guttural** un verbe dont une ou plusieurs des trois radicales est une gutturale.

2. Les gutturales sont : א, ר, ע, ה, ח

3. La 1ʳᵉ radicale est la première consonne du verbe.

4. Les règles apprises sur les gutturales sont au nombre de sept.

Introduction

Par rapport à la conjugaison du verbe fort, des modifications vocaliques vont se produire car la 1ʳᵉ radicale du verbe est une gutturale.

1. **Règle 1** : Les gutturales ne peuvent pas être redoublées et compensent par l'allongement de la voyelle précédente (א, ר, ע).

   Quand, dans la conjugaison hébraïque, y a-t-il redoublement de la 1ʳᵉ radicale par exemple ?

   Au **Niphal** inaccompli   יִקָּטֵל

   À l'impératif **Niphal**   הִקָּטֵל

   Et à l'infinitif construit **Niphal**   הִקָּטֵל

Dans ces trois cas, la voyelle précédente ◌ est allongée en ◌.

Exemple : עָבַד = travailler, servir, rendre un culte

    3ᵉ masc. sg, Niphal inaccompli : יִקָּטֵל ⟶ יֵעָבֵד il sera servi

2. **Règle 2** : Les gutturales ne supportent pas un cheva vocal. Elles les colorent : + règle 4.

   Quand, dans la conjugaison hébraïque, la 1ʳᵉ radicale porte-t-elle un cheva par exemple ?

   Qal accompli 2ᵉ masc. pl   {   קְטַלְתֶּם ⟶ עֲבַדְתֶּם

               2ᵉ fém. pl   קְטַלְתֶּן   vous avez servi

   Qal inaccompli, toutes les 1ʳᵉˢ radicales portent le cheva.

   Exemple : 3ᵉ masc. sg יִקְטֹל ⟶ יַעֲמֹד il se tiendra debout

                              יֶחֱזַק il sera fort

   Qal inaccompli, 1ʳᵉ sg אֶקְטֹל ⟶ אֶעֱמֹד je me tiendrai debout

   Niphal accompli à toutes les personnes

   Exemple : 3ᵉ masc. sg נִקְטַל ⟶ נֶעֱבַד il a été servi

   Hiphil

   - accompli à toutes les personnes, la 1ʳᵉ radicale porte ◌

   Exemple : עָבַר = passer, transgresser

       3ᵉ masc. sg הִקְטִיל ⟶ הֶעֱבִיר il a fait passer

   - inaccompli à toutes les personnes, à l'impératif, l'infinitif et au participe, la 1ʳᵉ radicale porte ◌

Exemple : 3ᵉ masc. sg, Hiphil inaccompli

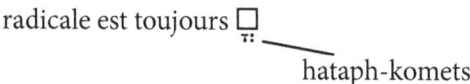 il fera passer.

Hophal, partout, la 1ʳᵉ radicale porte un cheva. Donc la voyelle de la première radicale est toujours ◌ֳ
    hataph-komets

Exemple : 3ᵉ masc. sg, Hophal inaccompli

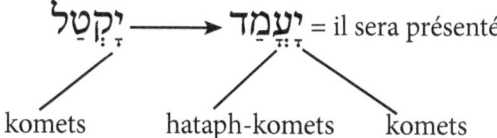 = il sera présenté

komets   hataph-komets   komets

3. **Règle 5** : Les gutturales changent leur cheva composé en voyelle brève lorsqu'elles sont suivies d'un autre cheva.

Exemple : 2ᵉ fém. sg, Qal inaccompli de עָמַד : Tu (fém.) te tiendras debout.

תִּקְטְלִי ⟶ תַּעֲמְדִי ⟶ תַּעַמְדִי

Exercices

1. Version

וַיֶּאֱהַב יַעֲקֹב אֶת־רָחֵל וַיֹּאמֶר אֶעֱבָדְךָ שֶׁבַע שָׁנִים בְּרָחֵל בִּתְּךָ הַקְּטַנָּה :

2. Thème

J'affermirai ta postérité après toi.

Vocabulaire

faire passer, faire traverser	הֶעֱבִיר
être placé, être présenté	הָעֳמַד
placer, établir, affermir	הֶעֱמִיד
être vieux, devenir vieux	זָקֵן
être fort, être dur	חָזַק
être privé, manquer	חָסֵר
vouloir, désirer, aimer	חָפֵץ
rechercher, examiner, sonder	חָקַר
torrent, fleuve, cours d'eau	נַחַל ז'
servir, travailler, rendre un culte	עָבַד

Leçon 35

Les verbes à 2ᵉ gutturale

Verbes **types** : 1. שׁחת au Piel שִׁחֵת : détruire, dévaster

2. ברך au Piel בֵּרֵךְ = bénir

1. **Règle 1** : Les gutturales ne peuvent être redoublés et compensent (ou pas) par l'allongement de la voyelle précédente.

    - Quand, dans la conjugaison hébraïque, y a-t-il redoublement de la 2ᵉ radicale ? À tous les temps intensifs : Piel, Pual, Hithpael.

   a. Avec א et ר, en général allongement compensatoire de la voyelle précédente.

   ◌ִ ⟶ ◌ֵ au Piel

   Exemple : 3ᵉ masc. sg, Piel accompli קִטֵּל ⟶ בֵּרֵךְ = il a béni

   ◌ֻ ⟶ ◌ֹ au Pual

   Exemple : 3ᵉ masc. sg, Pual accompli קֻטַּל ⟶ בֹּרַךְ = il a été béni

   ◌ַ ⟶ ◌ָ au Hithpael

   Exemple : 3ᵉ masc. sg, Hithpael accompli הִתְקַטֵּל ⟶ הִתְבָּרֵךְ = il s'est béni

   b. Avec ע, ה, ח, en général, pas d'allongement compensatoire.

   Exemple : il a détruit (3ᵉ masc. sg, Piel accompli) : שִׁחֵת

2. **Règle 2** : Les gutturales ne supportent pas un cheva. Elles les colorent. La 2ᵉ gutturale colore ses chevas en ◌ֲ

   3ᵉ masc. pl, Qal accompli קָטְלוּ ⟶ שָׁחֲתוּ ils ont dévasté

2ᵉ masc. pl, Qal inaccompli תִּקְטְלוּ ⟶ תִּשְׁחֲתוּ vous dévasterez

2ᵉ masc. pl, impératif Qal קִטְלוּ ⟶ שַׁחֲתוּ dévastez, détruisez !

3. La 2ᵉ gutturale préfère le son « a » ◻ָ (patah) au lieu de ◻ֹ en Qal inaccompli, ou de ◻ֵ au Piel.

Exemple : il demandera : 3ᵉ masc. sg, Qal inaccompli de שָׁאַל (יִקְטֹל)

= יִשְׁאַל

vous demanderez : 2ᵉ fém. pl, Qal inaccompli de שָׁאַל (תִּקְטֹלְנָה)

= תִּשְׁאַלְנָה

il a consolé : 3ᵉ masc. sg, Piel accompli de נָחַם = נִחַם

Exercices

1. Version

יִרְעַם הַיָּם וּמְלֹואוֹ יַעֲלֹץ הַשָּׂדֶה וְכָל־אֲשֶׁר־בּוֹ :

2. Thème

Demandez la paix de Jérusalem.

Vocabulaire

Benjamin	בִּנְיָמִין
matin	בֹּקֶר ז׳
louer, bénir	בֵּרֵךְ
être loué, être béni	בֹּרַךְ
retourner, détruire	הָפַךְ
destruction	הֲפֵכָה נ׳
s'être béni	הִתְבָּרֵךְ
immoler, sacrifier	זָבַח
ce qui remplit	מְלוֹא et מְלֹא ז׳
consoler, soulager	נִחַם
se réjouir, triompher	עָלַץ
détruire, dévaster	שִׁחֵת
envoyer, renvoyer, lancer	שִׁלַּח

Leçon 36

Les verbes à 3ᵉ gutturale

Ce sont des verbes dont la 3ᵉ radicale est un ח ou un ע. Ceux qui ont comme 3ᵉ radicale un א ou un ה seront étudiés plus tard. Les verbes à 3ᵉ radical ר ont une vocalisation régulière.

Le verbe type est le verbe שָׁלַח = envoyer

Il y a deux règles importantes :

1ʳᵉ règle : La 3ᵉ gutturale est précédée d'un ◌ַ (patah) à la place de toute voyelle muable. (La seule voyelle immuable est ◌ִי).

Exemple : 3ᵉ masc. sg, Qal inaccompli יִקְטֹל ⟶ יִשְׁלַח = il enverra

3ᵉ masc. sg Piel accompli קִטֵּל ⟶ שִׁלַּח il a renvoyé (répudié)

3ᵉ masc. sg, Hiphil accompli הִקְטִיל ⟶ הִשְׁלִיחַ il a fait envoyer

patah furtif
6ᵉ règle des gutturales : les gutturales introduisent en final un patah furtif pour faciliter leur prononciation.

Exception : Pour les participes et les infinitifs

Participe actif Qal : קוֹטֵל ⟶ שֹׁלֵחַ

Infinitif construit Qal : קְטֹל ⟶ שְׁלֹהַ

2ᵉ règle : La troisième gutturale garde en général son cheva muet (elle ne la colore pas) [règle n°3 sur les gutturales]

Exemple : 1ʳᵉ sg, Qal accompli : קָטַלְתִּי ⟶ שָׁלַחְתִּי

↙ cheva muet

Exception :

au 2ᵉ fém. sg, Qal accompli קָטַלְתְּ ⟶ שָׁלַחַתְּ = tu (fém.) as envoyé

patah pour la prononciation

Exercices

1. Version

הַשְׁמִיעֵנִי בַבֹּקֶר חַסְדֶּךָ כִּי־בְךָ בָטָחְתִּי :

2. Thème

Ceux qui se confient en l'Eternel se réjouissent.

Vocabulaire

Ammonites	בְּנֵי־עַמּוֹן
faire entendre, annoncer	הִשְׁמִיעַ
or	זָהָב ז׳
règne, royaume	מַמְלָכָה נ׳
couronne, diadème	עֲטָרָה נ׳
os	עֶצֶם נ׳ et ז׳
premier	רִאשׁוֹן ז׳
première	רִאשׁוֹנָה נ׳
convoquer, assembler	שָׁמַע

Leçon 37

Les verbes faibles : « les פ״א et les ל״א »

Rappel :

- On appelle **verbe faible** un verbe qui présente dans sa racine un élément faible : des lettres quiescentes ou des lettres qui peuvent tomber simplement ou se faire remplacer par une lettre primitive.

    Ces lettres faibles sont : $\boxed{\text{נ, י, ו, ה, א}}$

- On désigne les verbes faibles par les lettres du verbe פָּעַל = faire. (1er élément désigné par פ, 2e élément par ע, 3e élément par ל)

- Les verbes פ״א ont leur 1er élément ou 1re radicale en א. Les verbes ל״א ont leur 3e élément ou 3e radicale en א.

I. Les verbes פ״א

Ces verbes se comportent normalement comme des verbes à 1re gutturale. Trois règles :

1. Allongement de la voyelle précédente ▯ ⟶ ▯

2. Coloration du cheva vocal

3. Changement du cheva composé en voyelle brève quand il est suivi d'un cheva)

Sauf pour cinq d'entre eux, dont trois sont particulièrement utilisés dans la Bible.

dire : אָמַר   manger : אָכַל   périr : אָבַד

Les deux autres sont moins fréquents et seront étudiés plus tard comme des ל"ה

vouloir : אָבָה   cuire (au four) : אָפָה

Caractéristiques de ces trois verbes :

1. À l'inaccompli Qal, ces verbes ajoutent à la quiescence d'א une permutation de voyelle. (très particulier)

   Exemple : 3ᵉ masc. sg Qal inaccompli יִקְטֹל ⟶ יַאֲכֹל

   Une lettre quiescente peut **perdre** sa valeur de consonne et allonger la voyelle précédente.

   ⟶ יָאכֹל

   D'une façon toute particulière, ce verbe va **permuter** ses voyelles.

   ⟶ יֹאכַל

	QAL INACCOMPLI DE אָכַל
1ʳᵉ sg	אֹכַל
2ᵉ masc. et fém.	תֹּאכַל תֹּאכְלִי
3ᵉ masc. et fém.	יֹאכַל תֹּאכַל
1ʳᵉ pl	נֹאכַל
2ᵉ masc. et fém.	תֹּאכְלוּ תֹּאכַלְנָה
3ᵉ masc. et fém.	יֹאכְלוּ תֹּאכַלְנָה

2. Avec le וֹ conversif :

   וַיֹּאכַל   mais   וַיֹּאמֶר
   et il a mangé   et il a dit

3. À l'infinitif construit Qal avec לְ

לֶאֱכֹל   **mais**   לֵאמֹר

pour manger   pour dire (en ces termes)

II. Les verbes ל"א

Verbe type מָצָא = trouver

1. En fin de syllabe, le א est quiescent, la voyelle précédente se trouve allongée.

    Exemples : 3ᵉ masc. sg Qal accompli   מָצָא = il a trouvé

    3ᵉ masc sg Qal inaccompli יִמְצָא = il trouvera

    au lieu de (◌ַ) en tant que 3ᵉ gutturale

    1ʳᵉ pl Niphal inaccompli   נִקָּטֵל ⟶ נִמָּצֵא = nous serons trouvés

2. Avec les suffixes consonantiques, la voyelle précédant le א est :

- ◌ָ à l'accompli Qal

    Exemple : 1ʳᵉ sg Qal accompli de קָרָא = appeler

    קָרָאתִי = קָטַלְתִּי = j'ai appelé

    au lieu de (◌ַ)

    2ᵉ masc. pl Qal accompli de מצא = trouver

    מְצָאתֶם = קְטַלְתֶּם = vous avez trouvé

    au lieu de (◌ַ)

- ◌ֵ à l'accompli des autres conjugaisons

    Niphal : 1ʳᵉ sg

    נִמְצֵאתִי = נִקְטַלְתִּי = j'ai été trouvé

Hiphil :

הִקְטַלְתִּי = הִמְצֵאתִי = j'ai fait parvenir (arriver).

- ◻ à la 2ᵉ et 3ᵉ personne du féminin pluriel de **l'inaccompli** et à **l'impératif** de toutes les conjugaisons

Qal : תִּקְטֹלְנָה   תִּמְצֶאנָה = vous trouverez,
elles trouveront

Niphal : תִּקָּטַלְנָה   תִּמָּצֶאנָה = vous serez trouvées
elles seront trouvées

Exercices

1. Version

וַיִּקְרָא אֲבִימֶלֶךְ לְאַבְרָהָם וַיֹּאמֶר לוֹ מֶה־עָשִׂיתָ לָּנוּ וּמֶה־חָטָאתִי לָךְ :

2. Thème

Le livre de la loi fut trouvé dans la maison de l'Eternel.

Vocabulaire

se perdre, périr	אָבַד
vouloir, consentir	אָבָה
cuire (au four)	אָפָה
manquer, pécher	חָטָא
emplir, remplir	מָלֵא
serpent	נָחָשׁ ז׳
fruit	פְּרִי ז׳
appeler, invoquer, lire	קָרָא
graisse, huile	שֶׁמֶן ז׳
haïr, prendre en aversion	שָׂנֵא
deuxième	שֵׁנִי ז׳
deuxième	שֵׁנִית נ׳

Leçon 38

Les verbes faibles : les פ"נ

Ce sont donc des verbes dont la 1ʳᵉ radicale est נ.

Types : נָפַל = tomber (forme en « o »)   נָגַשׁ = s'approcher (forme en « a »)

Dans la conjugaison de ces verbes, deux phénomènes sont à considérer :

1. L'assimilation

Le נ, pointé cheva muet et fermant une syllabe, tend à se fondre dans la lettre suivante en la redoublant.

Exemple : 3ᵉ masc. sg, Qal inaccompli

יִקְטֹל   :   יִנְפֹּל ⟶ יִפֹּל = il tombera

2. L'aphérèse

Le נ, pointé cheva vocal au début d'une forme verbale, tend à disparaître (pas toujours !) purement et simplement tout en redoublant la lettre suivante.

Exemple : 2ᵉ masc. sg, impératif Qal

קְטֹל   :   נְגַשׁ ⟶ גַּשׁ = approche-toi !
                 forme en « a »

Conjugaison de נָפַל = « tomber » **au Qal** (forme en « o »)

- À l'accompli, on a une conjugaison régulière.   נָפַלְתִּי   נְפַלְתֶּם
                                                        pas d'aphérèse

Cours d'hébreu biblique

- Inaccompli

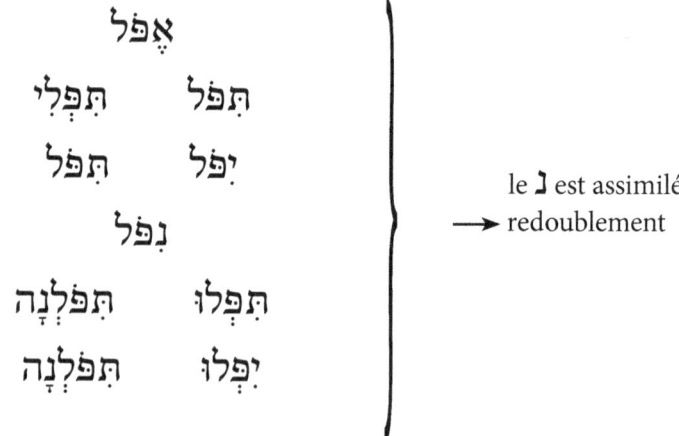

אֶפֹּל

תִּפְּלִי   תִּפֹּל

תִּפֹּל   יִפֹּל

נִפֹּל

תִּפֹּלְנָה   תִּפְּלוּ

תִּפֹּלְנָה   יִפְּלוּ

⎫ le נ est assimilé → redoublement
⎭

- Impératif : Pas d'aphérèse avec les formes en « o »

נִפְלִי   נְפֹל

נְפֹלְנָה   נִפְלוּ

- Le participe présent actif :

נוֹפְלָה (fém.)   נֹפֵל (masc.)

construit féminin singulier   נֹפֶלֶת

Conjugaison de נָגַשׁ = « s'approcher » au Qal (forme en « a »)

- Accompli : conjugaison régulière
- Inaccompli, le נ est assimilé   →   redoublement.

אֶגַּשׁ

תִּגְּשִׁי   תִּגַּשׁ

תִּגַּשׁ   יִגַּשׁ

נִגַּשׁ

תִּגַּשְׁנָה   תִּגְּשׁוּ

יִגְּשׁוּ   תִּגַּשְׁנָה

- Impératif : aphérèse avec les formes en « a »

גְּשִׁי   גַּשׁ

גַּשְׁנָה   גְּשׁוּ

- À l'infinitif construit, il y a aphérèse et un **ת de compensation**.

גֶּשֶׁת   :   קְטֹל

מִגֶּשֶׁת לָגֶשֶׁת בְּגֶשֶׁת = dans l'action d'approcher

Conjugaison de נָצַל au Niphal = être sauvé, se sauver

Il y a assimilation du נ chaque fois qu'il est pointé cheva muet.

- Accompli :

נִנְצַלְתִּי ⟶ נִצַּלְתִּי = J'ai été sauvé, je me suis sauvé

- Participe passif :

נִנְצָל ⟶ נִצָּל = sauvé

נִנְצָלָה ⟶ נִצָּלָה mais on préfère la forme
construite au féminin נִצֶּלֶת = sauvée

נִצָּלוֹת = sauvées   נִצָּלִים = sauvés

Conjugaison de נָצַל au Hiphil = sauver, délivrer

Le נ est assimilé à **tous** les temps.

Exemple : 3ᵉ masc. sg, accompli :   הִנְצִיל ⟶ הִצִּיל = il a sauvé

3ᵉ masc. sg, inaccompli :   יַנְצִיל ⟶ יַצִּיל = il sauvera

2ᵉ masc. sg, impératif :   הַנְצֵל ⟶ הַצֵּל = sauve !

2ᵉ fém. sg, impératif :   הַנְצִילִי ⟶ הַצִּילִי = sauve ! (fém.)

Participe actif :   מַנְצִיל ⟶ מַצִּיל

Infinitif construit :   הַנְצִיל ⟶ הַצִּיל

Remarque : Avec le וַ* conversif, on trouve plutôt וַיַּצֵּל = et* il a sauvé

Conjugaison de נָצַל **au Hophal** « être arraché, être sauvé »

Le komets ◌ָ est remplacé par un koubouts ◌ֻ et le נ est assimilé à **tous** les temps.

Exemple : 3ᵉ masc. sg, accompli   הָנְצַל ⟶ הֻצַּל = il a été arraché (sauvé)

3ᵉ masc. sg, inaccompli   יָנְצַל ⟶ יֻצַּל = il sera arraché (sauvé)

Participe   מָנְצַל ⟶ מֻצָּל = arraché

↘ komets

Les conjugaisons du Piel, Pual et Hithpael (conjugaisons intensives) sont **régulières** (comme avec un verbe fort)

Exercices

1. Version

וַיֹּאמֶר אֵלִיָּהוּ לְכָל־הָעָם גְּשׁוּ אֵלַי וַיִּגְּשׁוּ כָל־הָעָם אֵלָיו :

2. Thème

Le juste sera sauvé de la destruction.

Vocabulaire

Elie	אֵלִיָּה et אֵלִיָּהוּ
dire, raconter, annoncer	הִגִּיד (נָגַד)
délivrer, sauver	הִצִּיל (נָצַל)
être sauvé	הֻצַּל (נָצַל)
règne, royaume	מְלוּכָה נ׳
toucher, atteindre	נָגַע
s'approcher, s'avancer	נָגַשׁ
laisser, délaisser	נָטַשׁ
être sauvé, se sauver	נִצַּל (נָצַל)
lever, s'élever	נָשָׂא
nouvelle, annonce	שְׁמוּעָה נ׳

Leçon 39

Les verbes faibles : נָתַן et לָקַח

I. Le verbe נָתַן

C'est un verbe פ"נ mais en plus la 3ᵉ radicale נ est aussi sujette à l'assimilation.

Cette racine נָתַן est employée essentiellement au **Qal** et au **Niphal**.

Conjugaison de נָתַן au Qal = donner, placer, livrer

- **Accompli** :

    Exemple : 1ʳᵉ sg   נָתַנְתִּי   ⟶   נָתַתִּי   J'ai donné

    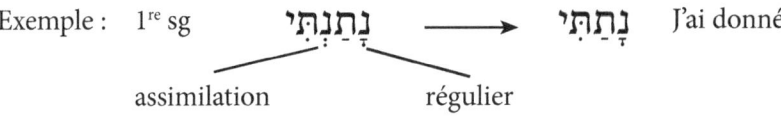

    assimilation   régulier

    2ᵉ masc. pl   נְתַנְתֶּם   ⟶   נְתַתֶּם   Vous avez donné

    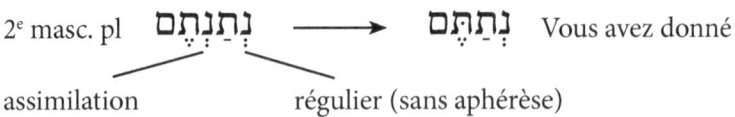

    assimilation   régulier (sans aphérèse)

- **Inaccompli** :

    L'inaccompli de ce verbe est en « e » ☐ (forme en « é »)

    Exemple : 1ʳᵉ sg   אֶנְתֵן   ⟶   אֶתֵּן   = je donnerai

    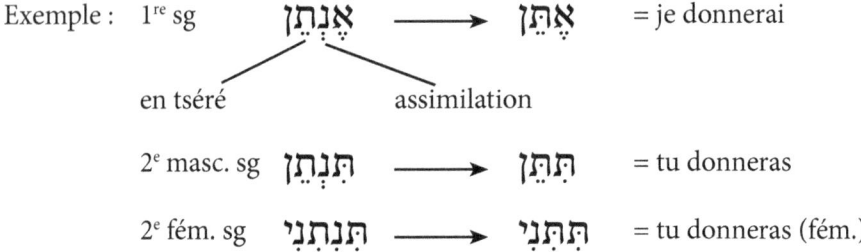

    en tséré   assimilation

    2ᵉ masc. sg   תִּנְתֵן   ⟶   תִּתֵּן   = tu donneras

    2ᵉ fém. sg   תִּנְתְּנִי   ⟶   תִּתְּנִי   = tu donneras (fém.)

- **Impératif** : il y a aphérèse

תְּנִי	תֵּן	Donne
	תְּנוּ	Donnez

- **Cohortatif** :

אֶתְּנָה   נִתְּנָה

- **Participe** :

actif : נוֹתֵן   passif : נָתוּן

- **Infinitif** :

absolu : נָתוֹן

construit :   תֵת   בְּתֵת   לָתֵת   מִתֵּת

Conjugaison de נָתַן au Niphal : « être donné, être livré »

Ce verbe est utilisé à quelques temps (ou modes) et à quelques personnes seulement au Niphal.

- **Accompli** : il n'existe pas de 1ʳᵉ et 2ᵉ personne du singulier

  3ᵉ masc. sg :   נִנְתַן ⟶ נִתַּן = Il a été donné
  assimilation

  3ᵉ fém. sg :   נִנְתְנָה ⟶ נִתְּנָה = Elle a été donnée
  assimilation

  1ʳᵉ pl :   נִנְתַנּוּ ⟶ נִתַּנּוּ = Nous avons été donnés
  assimilation

  2ᵉ pl (le féminin n'existe pas) :   נִנְתַנְתֶּם ⟶ נִתַּתֶּם = Vous avez été donnés
  disparaît

3ᵉ pl : נִנְתְנוּ ⟶ נִתְּנוּ = Ils ou elles ont été donnés

assimilation

- **Inaccompli** : il n'existe seulement que ces personnes.

    2ᵉ masc. sg : תִּנָּתֵן

    3ᵉ masc. sg : יִנָּתֵן   3ᵉ fém. sg : תִּנָּתֵן

    3ᵉ masc. pl : יִנָּתְנוּ

    3ᵉ fém. pl : תִּנָּתַנְנָה ⟶ תִּנָּתַנָּה   Elles seront données

- **Participe** : נִתָּן

- **Infinitif construit** : לְהִנָּתֵן

- Le cohortatif et l'impératif n'existent pas.

* **Remarque finale** : On trouve le verbe נתן au Hophal, à huit reprises, mais toujours au même temps et à la même personne.

יֻתַּן = il sera donné, il sera placé

II. Le verbe לָקַח

Il se comporte comme un פ״נ; cela veut dire que le ל comme le נ, peut soit être assimilé, soit disparaître simplement.

לָקַח va fonctionner comme נָגַשׁ, sauf que la 3ᵉ radicale est une gutturale.

לָקַח est employé surtout au Qal et au Pual.

Conjugaison de לָקַח **au Qal** = «prendre, saisir»

- **Accompli**, la conjugaison est régulière : לָקַחְתִּי

- **Inaccompli**, c'est comme avec נָגַשׁ

1ʳᵉ sg :	אֶגַּשׁ	אֶקַּח	Je prendrai
2ᵉ masc. sg :	תִּגַּשׁ	תִּקַּח	Tu prendras
2ᵉ fém. sg	תִּגְּשִׁי	תִּקְחִי	Tu (fém.) prendras

↘ sans dagesh fort

Un dagesh fort est assez souvent omis dans une consonne avec cheva qui précède une gutturale.

Il en est de même avec la 2ᵉ masculin pluriel תִּקְחוּ et 3ᵉ masculin pluriel יִקְחוּ

- **Impératif** :

קְחִי   קַח

                קְחוּ

- **Infinitif construit** :

Au lieu d'un ◻ַ ◻ֶ (גֶּשֶׁת), on a ◻ַ ◻ַ (קַחַת). Le ת de compensation y est toujours.

מִקַּחַת   לָקַחַת   בְּקַחַת

Conjugaison de לָקַח **au Pual** = être pris

Il n'existe que cinq formes, dont quatre à l'accompli et une au participe.

1)	2ᵉ masc. sg accompli Pual	קֻטַּלְתָּ →	לֻקַּחְתָּ	Tu as été pris
2)	3ᵉ masc. sg accompli Pual		לֻקַּח	Il a été pris
3)	3ᵉ fém. sg accompli Pual		לֻקְּחָה	Elle a été prise
4)	3ᵉ pl accompli Pual		לֻקְּחוּ	Ils ou elles ont été prises
5)	Participe		מְלֻקָּח	Ayant été pris

Exercices

1. Version

א - לֹא הִגִּידָה לָהֶם שָׂרָה כִּי אֵשֶׁת¹־אַבְרָהָם הִיא וַיִּקְחוּ אֹתָהּ אֶל־פַּרְעֹה :

ב - וַיֹּאמֶר לָבָן אֶל־יַעֲקֹב הַגִּידָה לִּי מַה־אֶתֶּן לָךְ וַיֹּאמֶר יַעֲקֹב תְּנָה לִּי אֶת־רָחֵל בִּתְּךָ הַקְּטַנָּה לְאִשָּׁה :

2. Thème

Donnez votre argent pour la maison de l'Eternel.

(1) אֵשֶׁת est l'état construit de אִשָּׁה.

Vocabulaire

fouler, marcher	דָּרַךְ
il sera donné, placé	יִתֵּן (נָתַן)
argent	כֶּסֶף ז'
plante du pied	כַּף רֶגֶל נ'
saisir, prendre	לָקַח
le lendemain, demain	מָחָר
être donné, être livré	נִתַּן (נָתַן)
quatrième	רְבִיעִי ז'
quatrième	רְבִיעִית נ'
troisième	שְׁלִישִׁי ז'
troisième	שְׁלִישִׁית נ'

Leçon 40

Les verbes faibles : les ע״ו et ע״י

Ces verbes ont un ו ou un י comme 2ᵉ radicale et **constamment quiescent** (c'est-à-dire n'a pas de valeur consonantique et ne peut servir d'appui à aucune voyelle).

Les grammairiens les considèrent comme des verbes monosyllabiques.

Ces verbes se présentent sous la forme de l'infinitif construit, car le ו et le י n'apparaissent pas à la 3ᵉ masculin singulier de l'accompli.

Ces verbes sont de trois types en accompli Qal :

    1) en « a » :   קוּם = se lever

                      שׁוּב = retourner, revenir

                      שׂוֹם ou שִׂים = poser, mettre

                      שִׁיר = chanter

    2) en « é » :   מוֹת = mourir

    3) en « o » :   בּוֹשׁ = être honteux, avoir honte

                      אוֹר = être lumineux, briller

                      טוֹב = être bon

I.   Conjugaison au Qal

    1. À l'accompli

       - Le ו disparaît : exemple :   (קָטַל)   קָם

- Le ◌ָ pour l'accompli Qal en « a » se change en ◌ַ devant les suffixes consonantiques.

    Exemple : tu t'es levé (קָטַ֫לְתָּ) : קַ֫מְתָּ

- Le ◌ֵ pour l'accompli Qal en « e » devient ◌ַ devant les suffixes consonantiques.

    Exemple : avec le verbe מוֹת (= mourir) qui est le seul de la catégorie.

    Il mourut : מֵת   je mourus (קָטַ֫לְתִּי) מַ֫תִּי

- Le ◌וֹ pour l'accompli Qal en « o » devient ◌ֹ◌ (komets) devant les suffixes consonantiques.

    Exemple : j'ai été honteux (קָטַ֫לְתִּי)   =   בֹּ֫שְׁתִּי (o)

2. **À l'inaccompli**

- Le ו subsiste mais est quiescent.

- Sous le préfixe personnel, on trouve ◌ָ qui est caractéristique de l'inaccompli.

    Exemple : Nous nous lèverons : (נִקְטֹל)   נָקוּם

- À la 2ᵉ et 3ᵉ fém. pluriel, on ajoute ◌ֶ֫י entre la radicale et la terminaison.

    Exemple : elles se lèveront (תִּקְטֹ֫לְנָה) : תְּקוּמֶ֫ינָה

- Remarquez que le jussif ne ressemble pas au Qal inaccompli.

    Exemple : il se lèvera   (יִקְטֹל) : יָקוּם

    qu'il se lève (jussif) !   יָקֹם

- Avec le וַ (conversif), on a : וַיָּ֫קָם = et il s'est levé
                                        → komets

Qal accompli de קוּם	Qal inaccompli de קוּם
קַ֫מְתִּי	אָקוּם
קַ֫מְתְּ קַ֫מְתָּ	תָּקוּמִי תָּקוּם
קָ֫מָה קָם	תָּקוּם יָקוּם
קַ֫מְנוּ	נָקוּם
קַמְתֶּן קַמְתֶּם	תְּקוּמֶ֫ינָה תָּקוּמוּ
קָ֫מוּ	תְּקוּמֶ֫ינָה יָקוּמוּ

Jussif	Impératif	Cohortatif
תָּקֹם יָקֹם	ק֫וּמִי קוּם	אָק֫וּמָה
תָּקֹ֫מְנָה יָקֻ֫מוּ	ק֫מְנָה ק֫וּמוּ	נָק֫וּמָה

Infinitifs :   **Participe actif :** קָם

Absolu : קוֹם

Construit : קוּם

II. Conjugaison au Niphal

- Le verbe קוּם (= se lever) est déjà pronominal et ne possède pas de passif en français. Aussi nous utilisons comme modèle de Niphal le verbe כּוּן qui signifie « être fondé, être prêt » au niphal.

- À l'accompli, le וּ est quiescent en וֹ sauf avec les suffixes consonantiques **légers** où il s'abrège en וּ. De plus, avec les suffixes consonantiques, on ajoute un וֹ de liaison entre le radical et le suffixe.

    Exemple :   il a été fondé   נָכוֹן

                  J'ai été fondé   נְכוּנ֫וֹתִי

                  Vous avez été fondés   נְכוּנֹתֶם

NIPHAL ACCOMPLI DE כּוּן	NIPHAL INACCOMPLI DE כּוּן
נְכוּנוֹתִי	אֶכּוֹן je serai fondé
נְכוּנוֹתְ נְכוּנוֹתָ	תִּכּוֹנִי תִּכּוֹן
נָכוֹנָה נָכוֹן	תִּכּוֹן יִכּוֹן
נְכוּנוֹנוּ	נִכּוֹן
נְכוּנוֹתֶן נְכוּנוֹתֶם	תִּכּוֹנוּ תִּבֹּנָּה
נָכוֹנוּ	יִכּוֹנוּ תִּבֹּנָּה

Jussif		Impératif		Cohortatif
יִכּוֹן תִּכּוֹן		הִכּוֹן הִכּוֹנִי		אֶכּוֹנָה
יִכּוֹנוּ תִּבֹּנָּה		הִכּוֹנוּ הִכּוֹנָה		נִכּוֹנָה

Infinitifs :   **Participe** : נָכוֹן

    Absolu : נָכוֹן

    Construit : הִכּוֹן

III. Conjugaisons causatives des ע"ו ou ע"י

1. **Hiphil** :

   - Le ו tombe ; par conséquent le ׳ sous le 2ᵉ radical sera plus solide que d'habitude.
   - La première syllabe s'ouvre et la voyelle du préfixe s'allonge lorsque celui-ci est prétonique.

   Exemple : 3ᵉ masc. sg Hiphil accompli

   הִקְטִיל ⟶ הֵקִים = il a relevé / dressé / érigé

              3ᵉ masc. sg Hiphil inaccompli

   יַקְטִיל ⟶ יָקִים = il relèvera / dressera / érigera

- À l'accompli, il y a un וֹ de liaison accentué devant les suffixes consonantiques.

   הֲקִימֹ֫ותִי: j'ai relevé

- Le jussif est יָקֵם, avec le ו conversif on a : וַיָּ֫קֶם

Hiphil de קוּם = הֵקִים = relever, dresser, ériger	
HIPHIL ACCOMPLI DE קוּם	**HIPHIL INACCOMPLI DE קוּם**
הֲקִימֹותִי	אָקִים
הֲקִימֹות　הֲקִימֹותָ	תָּקִ֫ימִי　תָּקִים
הֵקִ֫ימָה　הֵקִים	תָּקִים　יָקִים
הֲקִימֹונוּ	נָקִים
הֲקִימֹותֶם　הֲקִימֹותֶן	תְּקִימֶ֫ינָה　תָּקִ֫ימוּ
הֵקִ֫ימוּ	תְּקִימֶ֫ינָה　יָקִ֫ימוּ
Jussif	Impératif	Cohortatif
תָּקֵם　יָקֵם	הָקִ֫ימִי　הָקֵם	אָקִ֫ימָה
תְּקֵמְנָה　יָקִ֫ימוּ	הָקֵ֫מְנָה　הָקִ֫ימוּ	נָקִ֫ימָה

Infinitifs : **Participe** : מֵקִים

Absolu : הָקֵם   (מַקְטִיל) attention

Construit : הָקִים

2. **Hophal** :

- Le ו tombe dans toutes les formes

- Par compensation, la voyelle וּ est présente dans la syllabe préfixe.

Exemple : 3ᵉ masc. sg Hophal accompli

הָקְטַל   ⟶   הוּקַם
komets   il a été dressé, élevé

3ᵉ masc. sg Hophal inaccompli

יָקְטַל   ⟶   יוּקַם
komets   il sera dressé, elevé

- Pas de voyelle וּ de liaison avec les suffixes consonantiques :

הוּקַמְתִּי   (הָקְטַלְתִּי)

Hophal de קוּם = הוּקַם = être dressé, être elevé	
HOPHAL ACCOMPLI DE קוּם	**HOPHAL INACCOMPLI DE קוּם**
הוּקַמְתִּי	אוּקַם
הוּקַמְתְּ הוּקַמְתָּ	תּוּקְמִי תּוּקַם
הוּקְמָה הוּקַם	תּוּקַם יוּקַם
הוּקַמְנוּ	נוּקַם
הוּקַמְתֶּן הוּקַמְתֶּם	תּוּקַמְנָה תּוּקְמוּ
הוּקְמוּ	תּוּקַמְנָה יוּקְמוּ

Infinitif :   **Participe :** מוּקָם

Construit : הוּקַם

IV. Conjugaisons intensives des ע"ו ou ע"י

C'est la 3ᵉ radicale qui est redoublée au lieu de la 2ᵉ : הִתְקוֹמֵם, קוֹמַם, קוֹמֵם. C'est pourquoi on parle plus de « **polel** », « **polal** », « **hithpolel** », plutôt que de piel, pual et hithpael.

Mais ces conjugaisons sont des conjugaisons rares ![1]

Polel : *relever, rebâtir* קוֹמֵם

Infinitifs	Participe	Inaccompli		Accompli	
Absolu		אֲקוֹמֵם		קוֹמַ֫מְתִּי	
-		תְּקוֹמְמִי	תְּקוֹמֵם	קוֹמַ֫מְתְּ	קוֹמַ֫מְתָּ
Construit	מְקוֹמֵם	תְּקוֹמֵם	יְקוֹמֵם	קוֹמְמָה	קוֹמֵם
קוֹמֵם		נְקוֹמֵם		קוֹמַ֫מְנוּ	
		תְּקוֹמֵ֫מְנָה	תְּקוֹמְמוּ	קוֹמַמְתֶּן	קוֹמַמְתֶּם
		תְּקוֹמֵ֫מְנָה	יְקוֹמְמוּ	קוֹמְמוּ	

Jussif		Impératif		Cohortatif
תְּקוֹמֵם	יְקוֹמֵם	קוֹמְמִי	קוֹמֵם	אֲקוֹמְמָה
תְּקוֹמֵ֫מְנָה	יְקוֹמְמוּ	קוֹמֵ֫מְנָה	קוֹמְמוּ	נְקוֹמְמָה

Polal : *être reconstitué, être restauré* שׁוֹבַב

Infinitifs	Participe	Inaccompli		Accompli	
Absolu		אֲשׁוֹבַב		שׁוֹבַ֫בְתִּי	
-		תְּשׁוֹבְבִי	תְּשׁוֹבַב	שׁוֹבַ֫בְתְּ	שׁוֹבַ֫בְתָּ
		תְּשׁוֹבַב	יְשׁוֹבַב	שׁוֹבְבָה	שׁוֹבַב
Construit	מְשׁוֹבָב	נְשׁוֹבַב		שׁוֹבַ֫בְנוּ	
-		תְּשׁוֹבַ֫בְנָה	תְּשׁוֹבְבוּ	שׁוֹבַבְתֶּן	שׁוֹבַבְתֶּם
		תְּשׁוֹבַ֫בְנָה	יְשׁוֹבְבוּ	שׁוֹבְבוּ	

Jussif	Impératif	Cohortatif
-	-	-

---

1. Cf. Joüon, Paul, 1923, *Grammaire de l'hébreu biblique*, Rome, Institut biblique pontifical, § 59.

Hithpolel : *s'élever contre (quelqu'un)* הִתְקוֹמֵם

Infinitifs	Participe	Inaccompli		Accompli	
Absolu		אֶתְקוֹמֵם		הִתְקוֹמַמְתִּי	
-		תִּתְקוֹמְמִי	תִּתְקוֹמֵם	הִתְקוֹמַמְתְּ	הִתְקוֹמַמְתָּ
	מִתְקוֹמֵם	תִּתְקוֹמֵם	יִתְקוֹמֵם	הִתְקוֹמְמָה	הִתְקוֹמֵם
Construit		נִתְקוֹמֵם		הִתְקוֹמַמְנוּ	
הִתְקוֹמֵם		תִּתְקוֹמֵ֫מְנָה	תִּתְקוֹמְמוּ	הִתְקוֹמַמְתֶּן	הִתְקוֹמַמְתֶּם
		תִּתְקוֹמֵ֫מְנָה	יִתְקוֹמְמוּ	הִתְקוֹמְמוּ	

Jussif		Impératif		Cohortatif
תִּתְקוֹמֵם	יִתְקוֹמֵם	הִתְקוֹמְמִי	הִתְקוֹמֵם	אֶתְקוֹמְמָה
תִּתְקוֹמֵ֫מְנָה	יִתְקוֹמְמוּ	הִתְקוֹמֵ֫מְנָה	הִתְקוֹמְמוּ	נִתְקוֹמְמָה

Exercices

1. Version

וַיְהִי כִּשְׁמֹעַ אֵלִיָּהוּ אֶת־דְּבָרֶיהָ וַיָּקָם וַיָּשָׁב אֶל־בֵּיתֹה וַיֹּאמֶר אֶל־יהוה הָשֵׁב נָא אֶת־נֶפֶשׁ הַיֶּלֶד :

2. Thème

Et le prophète dit à la femme : « Lève-toi et retourne dans ta maison ».

Vocabulaire

briller, éclairer, être lumineux	אוֹר
être honteux, avoir honte	בּוֹשׁ
être dressé, érigé, élevé	הוּקַם (קוּם)
dresser, établir, ériger, relever	הֵקִים (קוּם)
s'élever contre	הִתְקוֹמֵם (קוּם)
être bon, être agréable	טוֹב
mourir, périr	מוֹת
être fondé, être préparé, être prêt	נָכוֹן (כּוּן)
relever, rebâtir	קוֹמֵם (קוּם)
fin, extrémité, bout	קָצֶה ז׳ (קְצֵה-)
être restauré, reconstitué	שׁוֹבַב (שׁוּב)
chanter	שִׁיר
poser, mettre	שִׂים

Leçon 41

Le verbe irrégulier בּוֹא

Ce verbe est doublement faible. Il est à la fois ע"ו et ל"א. Il se conjugue comme קוּם (= se lever) mais sa vocalisation est particulière avec le א quiescent à la fin de la radicale.

I. בּוֹא au Qal = entrer, venir, arriver

Accompli	Inaccompli
בָּאתִי (au lieu de קַמְתִּי) je vins, je suis venu	אָבוֹא (je viendrai)
בָּאת בָּאתָ	תָּבוֹא תָּבוֹאִי
בָּאָה בָּא (il vint, il est venu)	יָבוֹא תָּבוֹא (il viendra)
בָּאנוּ	נָבוֹא
בָּאתֶם	תָּבוֹאוּ
בָּאוּ	יָבוֹאוּ תְּבוֹאנָה
Jussif	Impératif	Cohortatif
תָּבֹא יָבוֹא	בּוֹא בּוֹאִי	אָבוֹאָה
יָבוֹאוּ	בּוֹאוּ	נָבוֹאָה

Infinitifs :

    Absolu : בּוֹא

    Construit : בּוֹא

Participe : בָּא

II. בּוֹא au Hiphil et au Hophal

Hiphil : faire entrer, amener, mettre, faire venir

Accompli	Inaccompli
הֵבֵאתִי j'ai fait entrer, j'ai amené	אָבִיא je ferai entrer, j'amènerai
הֵבֵאתָ	תָּבִיא
הֵבִיאָה הֵבִיא	תָּבִיא יָבִיא
-	נָבִיא
הֲבֵאתֶם	תָּבִיאוּ
הֵבִיאוּ	יָבִיאוּ תְּבִיאֶינָה

Participe	Infinitifs	Impératif
מֵבִיא	Absolu : הָבֵא	הָבֵא הָבִיאִי
(au pluriel מְבִיאִים)	Construit : הָבִיא	הָבִיאוּ

Avec le וֹ conversif on a : וַיָּבֵא

Hophal : être amené, être mis.

Quelques formes seulement existent dans l'hébreu biblique.

- À l'accompli :   2ᵉ masc. sg   הוּבָאתָה (tu as été amené)

    3ᵉ masc. et fém. sg   הוּבָאת   הוּבָא

    3ᵉ pl   הוּבְאוּ ils ou elles ont été amenés

- À l'inaccompli :   3ᵉ masc. sg   יוּבָא   il sera amené

    3ᵉ masc. pl   יוּבְאוּ   ils seront amenés

- Participe :   מוּבָא ayant été amené (au pluriel מוּבָאִים)

Exercices

1. Version

וַיָּשׁוּבוּ הַמַּלְאָכִים אֶל־יַעֲקֹב וַיֹּאמְרוּ אֵלָיו בָּאנוּ אֶל־עֵשָׂו אָחִיךָ וַנְּדַבֵּר אֵלָיו כְּכֹל אֲשֶׁר אָמָרְתָּ :

2. Thème

La réputation (le nom) de Salomon se répandit (= sortir) sur la terre et les rois de la terre vinrent à Jérusalem.

Vocabulaire

amasser, assembler	אָסַף
entrer, venir, arriver	בּוֹא
faire entrer, amener	הֵבִיא (בּוֹא)
être amené, mis	הוּבָא (בּוֹא)
tribut	מַס ז׳
témoin, témoignage	עֵד ז׳
holocauste, degré	עוֹלָה et עֹלָה נ׳
chèvre	עֵז נ׳
faveur, plaisir, volonté	רָצוֹן ז׳
joie, cris de joie, plaisir	שִׂמְחָה נ׳
prière, supplication	תְּפִלָּה נ׳
don, présent, offrande	תְּרוּמָה נ׳

Leçon 42

Les verbes faibles : les ל״ה

Les ל״ה étaient primitivement ל״י pour la plupart et ל״ו pour certains. Ainsi le verbe type גָּלָה (=découvrir, révéler) voit le י réapparaître devant les suffixes consonantiques et le ה disparaître devant les suffixes vocaliques.

I. Conjugaison des ל״ה

Deux cas sont à envisager :

1. Si la forme verbale **n'a pas de suffixe**, elle se termine en :

   - הָ   à tous les accomplis :

   גָּלָה , נִגְלָה ,   גָּלָה, ...

   - ֶה   à tous les inaccomplis et participe actif :

   יְגַלֶּה, יִגָּלֶה ⟵ inaccompli ,... יְגַלֶּה

   גֹּלֶה, מְגַלֶּה,... ⟵ participe actif

   - ֵה   à tous les impératifs :

   גַּלֵּה   הִגָּלֵה,   גְּלֵה, ...
   révèle !   que tu sois à découvert/annoncé   découvre !

   - וֹת   aux infinitifs construits :

   לִגְלוֹת = pour révéler

Remarque : Le participe passif du Qal est   גָּלוּי

2. Si la forme verbale **a un suffixe**, deux possibilités se présentent :

   a. Le suffixe est **vocalique**,

   - avec $\boxed{ הָ }$, le ה de la racine se change en ת

   Exemple : 3ᵉ fém. sg, Qal accompli : elle a révélé : גָּלְתָה

   - avec $\boxed{ וּ }$, le ה tombe

   Exemple : 3ᵉ masc. et fém. Qal accompli : ils ou elles ont révélé : גָּלוּ

   - avec $\boxed{ י }$, le ה tombe également

   Exemple : 2ᵉ fém. sg, Qal inaccompli : tu révèleras : תִּגְלִי

   b. le suffixe est **consonantique**,

   - avec $\boxed{ תִּי, תָּ, תְּ, נוּ, תֶּם, תֶּן, }$ le ה tombe et le י primitif réapparait en :

      י aux conjugaisons actives :

      J'ai révélé   גָּלִיתִי (Qal accompli)

      J'ai découvert גִּלִּיתִי (Piel accompli)

      י aux conjugaisons passives et réfléchies :

      J'ai été à découvert   נִגְלֵיתִי (Niphal accompli)

   - avec $\boxed{ נָה }$, le ה tombe et le י réapparait en י

      2ᵉ fém. pl, Qal inaccompli : vous révèlerez   תִּגְלֶינָה

II.   Tableaux des conjugaisons du verbe גָּלָה[1]

גָּלָה   au Qal = découvrir, révéler, apparaître

---

1. Tableaux recopiés de Pegon, Dany, 1999, *Cours d'Hébreu Biblique*, Institut Biblique de Nogent, Excelsis, p.189-192.

נִגְלָה	au Niphal = être à découvert, se révéler, être annoncé
גִּלָּה	au Piel = ouvrir, ôter la couverture
גֻּלָּה	au Pual = être dévoilé, être enlevé
הִתְגַּלָּה	au Hithpael = se découvrir, se mettre à nu
הִגְלָה	au Hiphil = déporter, emmener en captivité
הָגְלָה	au Hophal = être déporté, être emmené en captivité

↘ komets

Le הָ du cohortatif est inusité dans les verbes ל"ה, on emploie la forme de l'indicatif. On trouve seulement trois cohortatifs en הָ, « probablement pour une recherche d'assonance »[2]

Qal : *apparaître, révéler* גָּלָה

Infinitifs	Participes	Inaccompli	Accompli
Absolu	**Actif**	אֶגְלֶה	גָּלִיתִי
גָּלֹה	גֹּלֶה	תִּגְלֶה תִּגְלִי	גָּלִיתָ גָּלִית
		יִגְלֶה תִּגְלֶה	גָּלָה גָּלְתָה
Construit	**Passif**	נִגְלֶה	גָּלִינוּ
גְּלוֹת	גָּלוּי	תִּגְלוּ תִּגְלֶינָה	גְּלִיתֶם גְּלִיתֶן
		יִגְלוּ תִּגְלֶינָה	גָּלוּ

Jussif	Impératif	Cohortatif
יִגֶל תִּגֶל	גְּלֵה גְּלִי	אֶגְלָה
יִגְלוּ תִּגְלֶינָה	גְּלוּ גְּלֶינָה	נִגְלָה

---

2. Psaume 77.4 ; 119, 117 ; Esaïe 41, 23. Joüon, Paul, 1923, *Grammaire de l'hébreu biblique*, Rome, Institut biblique pontifical, §79 o.

Niphal : *être à découvert, se révéler, être annoncé* נִגְלָה

Infinitifs	Participe	Inaccompli		Accompli	
Absolu		אֶגָּלֶה		נִגְלֵיתִי	
הִגָּלֹה		תִּגָּלֶה	תִּגָּלִי	נִגְלֵיתָ	נִגְלֵית
נִגְלֹה		יִגָּלֶה	תִּגָּלֶה	נִגְלָה	נִגְלְתָה
Construit	נִגְלֶה	נִגָּלֶה		נִגְלֵינוּ	
הִגָּלוֹת		תִּגָּלוּ	תִּגָּלֶינָה	נִגְלֵיתֶם	נִגְלֵיתֶן
		יִגָּלוּ	תִּגָּלֶינָה	נִגְלוּ	

Jussif		Impératif		Cohortatif
יִגָּל	תִּגָּל	הִגָּלֵה	הִגָּלִי	אֶגָּלֶה
יִגָּלוּ	תִּגָּלֶינָה	הִגָּלוּ	הִגָּלֶינָה	נִגָּלֶה

Piel : *découvrir, ôter la couverture* גִּלָּה

Infinitifs	Participe	Inaccompli		Accompli	
Absolu		אֲגַלֶּה		גִּלִּיתִי	
גַּלֵּה	מְגַלֶּה	תְּגַלֶּה	תְּגַלִּי	גִּלִּיתָ	גִּלִּית
גַּלֹּה		יְגַלֶּה	תְּגַלֶּה	גִּלָּה	גִּלְּתָה
Construit		נְגַלֶּה		גִּלִּינוּ	
גַּלּוֹת		תְּגַלּוּ	תְּגַלֶּינָה	גִּלִּיתֶם	גִּלִּיתֶן
		יְגַלּוּ	תְּגַלֶּינָה	גִּלּוּ	

Jussif		Impératif		Cohortatif
יְגַל	תְּגַל	גַּלֵּה, גַּל	גַּלִּי	אֲגַלֶּה
יְגַלּוּ	תְּגַלֶּינָה	גַּלּוּ	גַּלֶּינָה	נְגַלֶּה

↘ forme apocope

Pual : *être dévoilé, être enlevé* גֻּלָּה

Infinitifs	Participe	Inaccompli	Accompli
Absolu גֻּלֹּה	מְגֻלֶּה	אֲגֻלֶּה	גֻּלֵּיתִי
		תְּגֻלֶּה תְּגֻלִּי	גֻּלֵּיתָ גֻּלֵּית
		יְגֻלֶּה תְּגֻלֶּה	גֻּלָּה גֻּלְּתָה
Construit גֻּלּוֹת		נְגֻלֶּה	גֻּלֵּינוּ
		תְּגֻלּוּ תְּגֻלֶּינָה	גֻּלֵּיתֶם גֻּלֵּיתֶן
		יְגֻלּוּ תְּגֻלֶּינָה	גֻּלּוּ

Jussif	Impératif	Cohortatif
-	-	-

Hithpael : *se découvrir, se mettre à nu* הִתְגַּלָּה

Infinitifs	Participe	Inaccompli	Accompli
Absolu הִתְגַּלֹּה	מִתְגַּלֶּה	אֶתְגַּלֶּה	הִתְגַּלֵּיתִי
		תִּתְגַּלֶּה תִּתְגַּלִּי	הִתְגַּלִּיתָ הִתְגַּלִּית
		יִתְגַּלֶּה תִּתְגַּלֶּה	הִתְגַּלָּה הִתְגַּלְּתָה
Construit הִתְגַּלּוֹת		נִתְגַּלֶּה	הִתְגַּלֵּינוּ
		תִּתְגַּלּוּ תִּתְגַּלֶּינָה	הִתְגַּלִּיתֶם הִתְגַּלִּיתֶן
		יִתְגַּלּוּ תִּתְגַּלֶּינָה	הִתְגַּלּוּ

Jussif	Impératif	Cohortatif
יִתְגַּל תִּתְגַּל	הִתְגַּל , הִתְגַּלִּי תִּתְגַּלֶּה	אֶתְגַּלֶּה
יִתְגַּלּוּ תִּתְגַּלֶּינָה	הִתְגַּלּוּ הִתְגַּלֶּינָה	נִתְגַּלֶּה

Hiphil : *emmener en captivité, déporter* הִגְלָה

Infinitifs	Participe	Inaccompli	Accompli
Absolu הַגְלֵה	מַגְלֶה	אַגְלֶה	הִגְלֵיתִי
		תַּגְלֶה תַּגְלִי	הִגְלֵיתָ הִגְלֵית
Construit הַגְלוֹת		יַגְלֶה תַּגְלֶה	הִגְלָה הִגְלְתָה
		נַגְלֶה	הִגְלֵינוּ
		תַּגְלוּ תַּגְלֶינָה	הִגְלִיתֶם הִגְלִיתֶן
		יַגְלוּ תַּגְלֶינָה	הִגְלוּ

Jussif	Impératif	Cohortatif
יֶגֶל תַּגֵל	הַגְלֵה הַגְלִי	אַגְלֶה
יַגְלוּ תַּגְלֶינָה	הַגְלוּ הַגְלֶינָה	נַגְלֶה

Suivant la nature de la 1ʳᵉ radicale de la racine, la voyelle du préfixe de l'accompli peut être הֶ.

Exemple : *faire monter* הֶעֱלָה, *faire revivre* הֶחֱיָה, *montrer* הֶרְאָה.

Hophal : *être emmené en captivité, être déporté* הָגְלָה

Infinitifs	Participe	Inaccompli	Accompli
Absolu הָגְלֵה	מָגְלֶה	אָגְלֶה	הָגְלֵיתִי
		תָּגְלֶה תָּגְלִי	הָגְלֵיתָ הָגְלֵית
		יָגְלֶה תָּגְלֶה	הָגְלָה הָגְלְתָה
Construit -		נָגְלֶה	הָגְלֵינוּ
		תָּגְלוּ תָּגְלֶינָה	הָגְלִיתֶם הָגְלִיתֶן
		יָגְלוּ תָּגְלֶינָה	הָגְלוּ

Jussif	Impératif	Cohortatif
-	-	-

Exercice

Version

אַתָּה נִגְלֵיתָ אֵלֵינוּ בִּכְבוֹדְךָ עַל הַר־סִינַי וַתְּדַבֵּר אֵלֵינוּ מִתּוֹךְ הָאֵשׁ :

Vocabulaire

bâtir, construire	בָּנָה
découvrir, révéler	גָּלָה
ouvrir, ôter la couverture	גָּלָה
être dévoilé, être enlevé	גָּלָה
aller, marcher	הָלַךְ ou יָלַךְ
déporter, emmener en captivité	הִגְלָה
être déporté, être emmené en captivité	הָגְלָה
se découvrir, se mettre à nu	הִתְגַּלָּה
présent, offrande	מִנְחָה נ׳
œuvre, ouvrage, acte	מַעֲשֶׂה ז׳
l'Égypte	מִצְרַיִם
lieu, endroit	מָקוֹם ז׳ ou נ׳ מְקוֹמוֹת
être à découvert, se révéler	נִגְלָה

Leçon 43

Les ל״ה (suite)

I. Les formes apocopées avec les ל״ה

On appelle « **apocope** » la chute de la dernière radicale d'un mot.

Les formes du **Jussif et du ו conversif** sont apocopées car le ה final tombe ainsi que la voyelle qui précède.

Il y a donc transformation en trois types :

1. גָּלָה = révéler / il révèlera

    3ᵉ masc. sg, Qal inaccompli : יִגְלֶה. Le ה tombe au jussif et ça devient

    יִגֶל ← יִגֶל   (qu'il révèle)

    voyelle d'appui

    et avec le ו' consécutif וַיִּגֶל   (et il a révélé)

2. בָּכָה = pleurer

    3ᵉ masc. sg, Qal inaccompli : il pleurera : יִבְכֶּה. Le ה tombe au jussif et ça devient

    יִבְךְּ → יֵבְךְּ   (qu'il pleure)

    allongement de la voyelle du préfixe

    et avec le ו' consécutif וַיֵּבְךְּ   (et il a pleuré)

3. פָּנָה = se tourner

   3ᵉ masc. sg Qal inaccompli : il se tournera : יִפְנֶה. Le ה tombe au jussif et ça devient

   יִפֶן ⟶ יְפֵן   (qu'il se tourne !)

   et avec le וֹ consécutif וַיִּפֶן (et il s'est tourné)

Ici il y a à la fois introduction de la voyelle d'appui ◌ֶ et allongement du préfixe en ◌ִ.

II. Le verbe « être » הָיָה

Il fait partie intégrante des ל"ה et ne s'emploie qu'au Qal, et quelquefois au Niphal accompli (= arriver, se faire).

CONJUGAISON DU VERBE הָיָה AU QAL			
Inaccompli		Accompli	
אֶהְיֶה je serai		הָיִיתִי j'ai été	
תִּהְיִי	תִּהְיֶה	הָיִית	הָיִיתָ
תִּהְיֶה	יִהְיֶה	הָיְתָה	הָיָה
נִהְיֶה		הָיִינוּ	
	תִּהְיוּ		הֱיִיתֶם
תִּהְיֶינָה	יִהְיוּ		הָיוּ

Le jussif : וַיְהִי

CONJUGAISON DU VERBE הָיָה AU NIPHAL ACCOMPLI
נִהְיֵיתִי (je suis arrivé, je me suis fait)
נִהְיֵיתָ   נִהְיֵית
נִהְיָה   נִהְיְתָה
נִהְיֵינוּ
נִהְיֵיתֶם   נִהְיֵיתֶן
נִהְיוּ

Exercice

Version

וַתְּלַמְּדֵנוּ מִשְׁפְּטֵי־צֶדֶק וְתוֹרַת־אֱמֶת וַתְּצַוֵּנוּ לִהְיוֹת מַמְלֶכֶת כֹּהֲנִים וְגוֹי קָדוֹשׁ לְפָנֶיךָ :

Vocabulaire

maudire	אָרַר
faire monter	הֶעֱלָה
concevoir, être enceinte	הָרָה
vivre, rester en vie	חָיָה
nourriture, vivres	מַאֲכָל ז'
front	מֵצַח ז'
commander, ordonner	צִוָּה
dur, rude, inflexible	קָשֶׁה
faim, famine	רָעָב ז'

Leçon 44

Les verbes géminés ע"ע

Ce sont des verbes dont la 2ᵉ et 3ᵉ radicale sont identiques.

Verbe type : סָבַב = entourer

Ces verbes peuvent avoir la forme longue où les deux radicales sont distinctes. Mais dans la plupart des cas, ces deux radicales fusionnent.

1. **Cas où la forme longue est maintenue**

    Qal accompli, 3ᵉ masc. sg : סָבַב

    3ᵉ masc. et fém. pl : סָבְבוּ (ou סָבֲבוּ)

    Participe actif Qal : סוֹבֵב

    Participe passif Qal : סָבוּב

    Infinitif absolu : סָבוֹב

2. **Cas où il y a fusion**

La radicale n'est écrite qu'une fois. Et si la forme verbale a un suffixe, cette radicale est redoublée (emploi du dagesh fort).

Quatre règles sur les verbes géminés.

1ʳᵉ règle : La voyelle de la syllabe radicale est celle de la 2ᵉ syllabe dans le verbe régulier.

Exemple : Impératif Qal 2ᵉ masc. sg

סְבֹב ⟶ סֹב = entoure !

Exceptions :

1. Le Hiphil accompli a un ֵ au lieu de ִי (הִסְבִיב) ⟶ הֵסֵב

2. Le Niphal inaccompli a un ַ au lieu de ָ (יִסָּבֵב) ⟶ יִסַּב

2ᵉ règle : Lorsque la syllabe radicale s'ouvre, la voyelle du préfixe s'allonge.

Exemple : 3ᵉ masc. sg Qal Inaccompli

יִקְטֹל   יִסְבֹב ⟶ יָסֹב = il entourera
                              voyelle allongée

3ᵉ masc. pl, inaccompli Qal

יִקְטְלוּ   יִסְבְבוּ ⟶ יָסֹבּוּ = ils entoureront

3ᵉ règle : Devant les suffixes consonantiques, une **voyelle de liaison** s'intercale. Celle-ci porte l'accent si le suffixe est léger. Celle-là est :

- וֹ à l'accompli

  Exemple : 2ᵉ masc. sg, Qal accompli

  קָטַלְתָּ   סָבַבְתָּ ⟶ סַבּוֹתָ   = tu as entouré
                                        voyelle de liaison

- ִי à l'inaccompli

  Exemple : 3ᵉ fém. pl. Niphal inaccompli

  תִּקְטַלְנָה   ⟶   תִּסַּבֶּינָה = elles seront entourées

4ᵉ règle : Lorsque l'accent se déplace, les lois syllabo-vocaliques jouent.

Exemple : 2ᵉ fém. pl Qal inaccompli

תִּקְטֹלְנָה   ⟶   תְּסֻבֶּינָה = vous entourerez (fém.)
                                    ou elles entoureront

Exercices

Version

א - כִּי בָאוּ אֲנָשִׁים אֶל בֵּית־לוֹט וַיָּסֹבּוּ אֶת־הַבַּיִת וְאֶת־הַדֶּלֶת לֹא מָצָאוּ :

ב - כֹּה אָמַר יהוה אֱלֹהֵי־יִשְׂרָאֵל שַׁלַּח אֶת־עַמִּי וְיָחֹגּוּ לִי בַּמִּדְבָּר :

Vocabulaire

bras	זְרוֹעַ נ׳
fêter, célébrer une fête	חָגַג
péché	חַטָּאת נ׳
graisse	חֵלֶב ז׳
faire grâce, compatir	חָנַן
délivrance, salut	יְשׁוּעָה נ׳
lourd, être lourd	כָּבֵד
s'écarter, se retirer	סוּר
travail, ouvrage, service	עֲבֹדָה נ׳
crime, transgression	פֶּשַׁע ז׳
être léger, diminuer	קָלַל
être mal, être mauvais, déplaire	רָעַע
détruire, dévaster, saccager	שָׁדַד

Leçon 45

Les verbes faibles : les פ״י

Les verbes dont la 1ʳᵉ radicale est י forment trois groupes :

1. Les פ״י primitivement פ״ו qu'on appelle aussi **faux** פ״י

2. Les פ״י primitifs ou **vrais** פ״י

3. Les פ״י **assimilants** qui se comportent comme des פ״נ

> פ״ו = פ״י
> Au QAL

1. À l'accompli, aux participes (actif, passif) et à l'infinitif absolu, le verbe prend les formes régulières.

2. À l'inaccompli, aux modes volitifs et à l'infinitif construit, on trouve des formes irrégulières suivant deux classes de verbes.

   a. **1ʳᵉ classe** : Type יָשַׁב = habiter, s'asseoir

où le י tombe (il y a aphérèse : chute d'un son ou d'une syllabe au début d'un mot.

Exemple : bus pour autobus ; apocope : chute d'un ou plusieurs sons ou d'une syllabe à la fin d'un mot, exemple : auto pour automobile).

- à l'inaccompli, le י tombe et la voyelle du préfixe personnel s'allonge en ◌ֵ. La voyelle de la 2ᵉ radicale est un ◌ֵ lorsque la syllabe est stable.

   Exemple : j'habiterai   אֵשֵׁב ⟵ אֶקְטֹל

- à l'infinitif construit, le י tombe et en plus il y a un ת de compensation.

שֶׁבֶת ← קְטֹל

- au jussif et avec le ו conversif, la 2ᵉ radicale porte un ֵ au lieu de ֵ.

וַיֵּשֶׁב : et il habita

CONJUGAISON IRRÉGULIÈRE AU QAL DE יָשַׁב = HABITER, S'ASSEOIR

Impératif		Inaccompli	
שֵׁב שְׁבִי		אֵשֵׁב	
שְׁבוּ		תֵּשֵׁב תֵּשְׁבִי	
Jussif		יֵשֵׁב תֵּשֵׁב	
יֵשֵׁב יֵשְׁבוּ		נֵשֵׁב	
Cohortatif		תֵּשְׁבוּ	
אֵשְׁבָה		יֵשְׁבוּ	

Vocabulaire : Il y a six verbes usuels de ce type

1) יָשַׁב = habiter, s'asseoir
2) יָדַע = connaître, savoir
3) יָלַד = enfanter
4) יָצָא = sortir (qui est aussi ל"א)
5) יָרַד = descendre
6) יָלַךְ ou הָלַךְ = aller, marcher

b. **2ᵉ classe** : Type יָרַשׁ = hériter, posséder

où le י est conservé et quiescent.

- À l'inaccompli, la voyelle de la 2ᵉ radicale est ַ au lieu de ֵ
- L'impératif seul existe avec des irrégularités
- Attention, à l'infinitif construit, le י tombe et il y a un ת de compensation !

CONJUGAISON IRRÉGULIÈRE AU QAL DE יָרַשׁ = HÉRITER, POSSÉDER

Impératif	Inaccompli	
רֵשׁ	אִירַשׁ	
רְשׁוּ	תִּירַשׁ	
Infinitif construit	תִּירַשׁ	יִירַשׁ
(לְ)רֶשֶׁת	נִירַשׁ	
	תִּירְשׁוּ	
	יִירְשׁוּ	

Il y a plusieurs irrégularités et des formes particulières dans ce groupe de verbes.

Exemple 1 : Le verbe יָכֹל = pouvoir

Inaccompli		Accompli		
אוּכַל je pourrai		יָכֹלְתִּי		
תּוּכְלִי	תּוּכַל tu pourras	יָכֹלְתָּ		⟶ komets
תּוּכַל	יוּכַל il pourra	יָכְלָה	יָכוֹל	
נוּכַל nous pourrons				
תּוּכְלוּ vous pourrez				
יוּכְלוּ ils pourront		יָכְלוּ		

Infinitifs : absolu : יָכוֹל

construit : יְכֹלֶת

Cohortatif : נוּכְלָה : que nous puissions !

Il n'y a pas de participes, ni jussif, ni impératif.

Exemple 2 : Le verbe יָרֵא = craindre

Inaccompli		Accompli	
אִירָא je craindrai		יָרֵאתִי j'ai craint	
תִּירָא	תִּירְאִי	יָרֵאתָ	
יִירָא	תִּירָא	יָרֵא	יָרְאָה
נִירָא		יָרֵאנוּ	
	תִּירְאוּ	יְרֵאתֶם	
יִירְאוּ	תִּירֶאןָ	יָרְאוּ	

normal

Impératif : יְרָא crains ! יִרְאוּ craignez !

Infinitif construit : יְרֹא (מִיִּרְאָה, לְיִרְאָה)

Participe actif : יָרֵא (craignant) ; יְרֵאִים

Exercices

1. Version

א - וַיֵּשֶׁב לוֹט בָּהָר וּשְׁתֵּי בְנֹתָיו עִמּוֹ כִּי יָרֵא לָשֶׁבֶת בְּצוֹעַר וַיֵּשֶׁב בַּמְּעָרָה הוּא וּשְׁתֵּי בְנֹתָיו :

ב - וַיִּשְׁלַח הַמֶּלֶךְ וַיִּקְרָא לְשִׁמְעִי וַיֹּאמֶר לוֹ בְּנֵה־לְךָ בַיִת בִּירוּשָׁלַיִם וְיָשַׁבְתָּ שָׁם :

וְלֹא־תֵצֵא מִשָּׁם אָנֶה וָאָנָה : וְהָיָה בְּיוֹם צֵאתְךָ וְעָבַרְתָּ אֶת־נַחַל קִדְרוֹן יָדֹעַ תֵּדַע כִּי מוֹת תָּמוּת דָּמְךָ יִהְיֶה בְרֹאשֶׁךָ :

2. Thème

Connais le Dieu de ton père !

Vocabulaire

ici et là	אָנֶה וָאָנָה
génération, race	דֹּר et דּוֹר ז'
être uni, s'unir	יָחַד
pouvoir	יָכֹל
craindre, avoir peur	יָרֵא
hériter, posséder, prendre possession	יָרַשׁ
seul, seulement	לְבַד
Égyptien	מִצְרִי
oint, messie	מָשִׁיחַ
abandonner, délaisser	עָזַב
Cédron	קִדְרוֹן
Chiméi	שִׁמְעִי

Leçon 46

פ״י = פ״ו aux autres conjugaisons que le QAL

1. **Les intensifs** : Les Piel, Pual et Hithpael sont réguliers.

    Exemple : יָשַׁב = habiter

    au Piel (קִטֵּל)   Accompli :   יִשֵּׁב = il a établi

    Inaccompli :   יְיַשֵּׁב = il établira

    Exception (sauf)

    Au Hithpael, le ו réapparaît dans les trois racines suivantes :

    | ידה | → | יִתְוַדֶּה | = il louera, il confessera |
    | ידע | → | יִתְוַדַע | = il se fera connaître |
    | יכח | → | יִתְוַכַּח | = il entrera en procès (avec) |

2. **Les causatifs** (Hiphil et Hophal) et le **Niphal**

Le ו réapparaît dans toutes les formes.

   a. Au **Hiphil** sous forme d'un וֹ [1]

      הוֹשִׁיב = il a placé

   b. Au **Hophal** sous forme d'un וּ

      הוּשַׁב = il a été placé

---
1. Voir d'autres exemples : Pegon, Dany, 1999, *Cours d'Hébreu Biblique*, Institut Biblique de Nogent, Excelsis, p. 203–204.

c. Au **Niphal** :   - sous forme d'un וּ quand il doit être redoublé.

3ᵉ masc. sg Niphal inaccompli   יִוָּשֵׁב = il sera habité

- sous forme d'un וֹ quand il devrait être pointé ◌ְ cheva muet.

3ᵉ masc. sg Niphal accompli   נוֹשַׁב = il a été habité

Exercices

1. Version

וְלֹא יָכְלוּ בְּנֵי מְנַשֶּׁה לְהוֹרִישׁ אֶת־הֶעָרִים הָאֵלֶּה וַיּוֹאֶל הַכְּנַעֲנִי לָשֶׁבֶת בָּאָרֶץ הַזֹּאת : וַיְהִי כִּי חָזְקוּ בְּנֵי יִשְׂרָאֵל וַיִּתְּנוּ אֶת־הַכְּנַעֲנִי לָמַס וְהוֹרֵשׁ לֹא הוֹרִישׁוֹ :

2. Thème

Et le Messie naîtra à Bethléem.

Vocabulaire

essayer, persister (à)	הוֹאִיל (יָאֵל)
conduire, faire aller, emmener	הוֹלִיךְ (יָלַךְ)
faire sortir	הוֹצִיא (יָצָא)
faire descendre	הוֹרִיד (יָרַד)
prendre possession, faire entrer en possession	הוֹרִישׁ (יָרַשׁ)
placer, faire asseoir, faire habiter	הוֹשִׁיב
louer, confesser	הִתְוַדָּה (יָדָה)
se faire connaître	הִתְוַדַּע (יָדַע)
entrer en procès	הִתְוַכַּח (יָכַח)
placer, établir	יִשֵּׁב
Cananéen	כְּנַעֲנִי
être connu, être reconnu	נוֹדַע (יָדַע)
naître	נוֹלַד (יָלַד)
rester, demeurer	נוֹתַר (יָתַר)
grand, puissant	רַב

Leçon 47

Les vrais פ״י et les פ״י assimilants

I. Les vrais פ״י ou פ״י primitifs

Ils ne sont pas nombreux : sept seulement. Ils n'existent qu'au Qal et au Hiphil. Ce sont :

יָשַׁר	=	être droit, marcher droit (au Hiphil : aplanir, regarder droit devant)
יָטַב	=	être bon, plaire
יָנַק	=	sucer, téter (au Hiphil : allaiter)
יָבֵשׁ	=	être sec, devenir sec
יָקַץ	=	s'éveiller
יָמַז	=	aller à droite, existe seulement au Hiphil (5 x) = הֵימִיז
יָלַל	=	gémir, hurler, crier, existe seulement au Hiphil : הֵילִיל

Quelques règles :

- Le י devient facilement quiescent

- L'inaccompli Qal est en ◌ַ (au lieu de ◌ִ)

- Le Hiphil a un ◌ֵ sous le préfixe (au lieu de ◌ַ ou ◌ִ)

CONJUGAISONS

Qal de יָטַב = être bon

Infinitif	Participe	Inaccompli		Accompli
Absolu יָטוֹב		אִיטַב		N'est pas employé dans la Bible
		תִּיטַב	תִּיטְבִי	
Construit יְטֹב		יִיטַב	תִּיטַב	
	Impératif	נִיטַב		
	יְטַב יִטְבִי	תִּיטַבְנָה תִּיטְבוּ		
	יְטַבְנָה יִטְבוּ	תִּיטַבְנָה יִיטְבוּ		

Hiphil de יָטַב = הֵיטִיב **faire bien, faire du bien.**

Infinitif	Participe	Inaccompli		Accompli
Absolu הֵיטֵב	מֵיטִיב	אֵיטִיב		הֵיטַבְתִּי[1]
		תֵּיטִיב	תֵּיטִיבִי	הֵיטַבְתָּ הֵיטַבְתְּ
Construit הֵיטִיב		יֵיטִיב	תֵּיטִיבִי	הֵיטִיב
		נֵיטִיב		
		תֵּיטֵבְנָה	תֵּיטִיבוּ	
		יֵיטֵבְנָה	יֵיטִיבוּ	
Jussif		Impératif		Cohortatif
יֵיטֵב		הֵיטֵב הֵיטִיבִי		אֵיטִיבָה
יֵיטִיבוּ		(הֵיטִיבוּ) הֵיטֵבְנָה		

1.1 Il existe une autre forme exceptionnelle : הֵיטִיבֹתִי

II. Les פ״י assimilants ou פ״יץ

Ils ont tous un צ comme deuxième radicale et se comportent comme des פ״נ.

On hésite d'ailleurs quelquefois sur la racine.

Ils sont six verbes :

יָצַר	=	former
יָצַק	=	verser
יָצַע	=	étendre
יָצַב	=	demeurer
יָצַג	=	placer
יָצַת	=	allumer

Exemples :

אֶצֹּר = je formerai
(assimilation)

יַצִּיק = il versera
(Hiphil)

Exercice

Version

א - וַיֵּרֶד וַיְדַבֵּר לָאִשָּׁה וַתִּישַׁר בְּעֵינֵי שִׁמְשׁוֹן :

ב - בְּיוֹם יְשׁוּעָה עֲזַרְתִּיךָ וְאֶצָּרְךָ וְאֶתֶּנְךָ לִבְרִית עָם :

Vocabulaire

bien faire, faire du bien	(הֵיטִיב) יָטַב
gémir, hurler, se lamenter	(הֵילִיל) יָלַל
aller à droite	(הֵימִין) יָמַן
être sec, devenir sec	יָבֵשׁ
être bon, plaire	יָטַב
sucer, téter	יָנַק
demeurer	יָצַב
placer	יָצַג
étendre	יָצַע
verser	יָצַק
former	יָצַר
allumer	יָצַת
s'éveiller	יָקַץ
être droit, marcher droit	יָשַׁר
Samson	שִׁמְשׁוֹן

Lexique Hébreu – Français

	א	Leçon
père	אָב ז׳ אָבוֹת	5
se perdre, périr	אָבַד	37
vouloir, consentir	אָבָה	37
pierre	אֶבֶן נ׳ אֲבָנִים	10
Abner	אַבְנֵר	16
Abraham	אַבְרָהָם	7
maître, seigneur	אָדוֹן	20
homme	אָדָם ז׳	9
terre	אֲדָמָה נ׳	9
Seigneur	אֲדֹנָי	25
désirer, aimer	אָהַב	23
ami	אֹהֵב ז׳	33
tente	אֹהֶל ז׳ אֹהָלִים	17
ou	אוֹ	30
adversaire	אוֹיֵב ז׳	21
lumière	אוֹר ז׳	20
briller, éclairer, être lumineux	אוֹר	40
oreille	אֹזֶן נ׳ אָזְנַיִם	5
frère	אָח ז׳ אַחִים	18
un	אֶחָד ז׳	14
sœur	אָחוֹת נ׳ אֲחָיוֹת	10
après, derrière, ensuite	אַחַר	30
autre	אַחֵר	24

Lexique Hébreu – Français

français	hébreu	page
derrière, dernier	אַחֲרוֹן	23
après, derrière	אַחֲרֵי	24
une	אַחַת נ׳	14
haïr	אָיַב	21
comment ? ah ! comme !	אֵיךְ	30
ne ….pas, il n'y a pas	אֵין	10
où ?	אֵיפֹה	12
homme	אִישׁ ז׳ אֲנָשִׁים	5
certes, mais	אַךְ	19
manger	אָכַל	12
Dieu	אֵל	11
ceux-ci, celles-ci, ces	אֵלֶּה	11
Dieu	אֱלֹהִים	11
Elie	אֵלִיָּהוּ et אֵלִיָּה	38
mille	אֶלֶף	33
deux mille	אַלְפַּיִם	33
Elqana	אֶלְקָנָה	13
si, quoique, ou, mais, certes	אִם	26
mère, aïeule	אֵם נ׳	18
fidélité, vérité, probité	אֱמוּנָה נ׳	32
pacte, alliance	אֲמָנָה נ׳	14
dire, parler	אָמַר	14
parole, ordre	אֹמֶר ז׳	22
vérité	אֱמֶת נ׳	5
ici et là	אָנָה וָאָנָה	45
je, moi	אֲנִי	7
amasser, assembler	אָסַף	41

		Leçon
cuire (au four)	אָפָה	37
Ephraïm	אֶפְרַיִם	19
quatre	אַרְבַּע נ׳	16
quatre	אַרְבָּעָה ז׳	16
coffre, arche	אָרוֹן ז׳ ou נ׳	7
cèdre	אֶרֶז ז׳	22
terre, pays	אֶרֶץ נ׳ אֲרָצוֹת	5
maudire	אָרַר	43
feu	אֵשׁ נ׳	5
femme	אִשָּׁה נ׳ נָשִׁים	5
qui, que, ce que, dont, celui qui	אֲשֶׁר	10
avec	אֵת (אֶת־)	14
tu, toi (masculin)	אַתָּה ז׳	7

	ב	Leçon
à, en, dans, sur, avec, par	בְּ	10
Babylone, Babel	בָּבֶל	19
entrer, venir, arriver	בּוֹא	41
être honteux, avoir honte	בּוֹשׁ	40
jeune homme	בָּחוּר	17
choisir, élire	בָּחַר	24
avoir confiance, se confier	בָּטַח	20
entre	בֵּין	24
maison	בַּיִת ז׳ בָּתִּים	5
Bethléem	בֵּית־לֶחֶם	10
pleurer	בָּכָה	19
pleurs, larmes	בְּכִי ז׳	26

point, sans que, sans, hors	בִּלְתִּי	24
fils	בֵּן ז׳ בָּנִים	7
bâtir, construire	בָּנָה	42
Benjamin	בִּנְיָמִין	35
Ammonites	בְּנֵי־עַמּוֹן	36
autour, en faveur de	בַּעַד et בְּעַד	24
bœuf, gros bétail	בָּקָר ז׳	17
matin	בֹּקֶר ז׳	35
chercher, désirer, vouloir	בִּקֵּשׁ	13
être cherché, être examiné	בֻּקַּשׁ	28
loué, béni	בָּרוּךְ	33
gras, engraissé	בָּרִיא	13
alliance	בְּרִית נ׳	5
louer, bénir	בֵּרֵךְ	35
être loué, être béni	בֹּרַךְ	35
fille	בַּת נ׳ בָּנוֹת	5

	ג	Leçon
racheter, libérer	גָּאַל	33
être haut, élevé	גָּבַהּ	26
frontière, limite	גְּבוּל et גְּבֵל ז׳	30
héros, guerrier	גִּבּוֹר ז׳	22
grand	גָּדוֹל	5
faire grandir, élever	גִּדֵּל	27
peuple, nation	גּוֹי ז׳ גּוֹיִם	7
se réjouir	גָּל (גּוּל ou גִּיל)	26
découvrir, révéler	גָּלָה	42

		Leçon
ouvrir, ôter la couverture	גָּלָה	42
être dévoilé, être enlevé	גָּלָה	42
Goliath	גָּלְיָת	10
aussi, même	גַּם	9
chameau	גָּמָל ז׳ ou נ׳	21
jardin	גַּן ז׳ ou נ׳	9
voler, dérober, enlever	גָּנַב	26

	ד	Leçon
parole, chose	דָּבָר ז׳ דְּבָרִים	9
parler, dire	דִּבֶּר	27
miel	דְּבַשׁ ז׳	8
David	דָּוִד	7
porte	דֶּלֶת נ׳ דְּלָתוֹת	10
sang	דָּם ז׳	16
Dan	דָּן	7
Daniel	דָּנִיֵּאל ou דָּנִאֵל	17
connaissance, science	דַּעַת ז׳ ou נ׳	22
génération, race	דֹּר et דּוֹר ז׳	45
fouler, marcher	דָּרַךְ	39
chemin, route	דֶּרֶךְ ז׳ ou נ׳ דְּרָכִים	10
chercher, rechercher	דָּרַשׁ	20

	ה	Leçon
faire entrer, amener	הֵבִיא (בּוֹא)	41
agrandir, rendre grand	הִגְדִּיל	22
dire, raconter, annoncer	הִגִּיד (נָגַד)	38

déporter, emmener en captivité	הִגְלָה	42
être déporté, être emmené en captivité	הָגְלָה	42
essayer, persister (à)	הוֹאִיל (יָאַל)	46
être amené, mis	הוּבָא (בּוֹא)	41
un malheur	הֹוָה נ'	7
conduire, faire aller, emmener	הוֹלִיךְ (יָלַךְ)	46
il fait sortir	הוֹצִיא	9
être dressé, érigé, élevé	הוּקַם (קוּם)	40
faire descendre	הוֹרִיד (יָרַד)	46
prendre possession, faire entrer en possession	הוֹרִישׁ (יָרַשׁ)	46
placer, faire asseoir, faire habiter	הוֹשִׁיב	46
se souiller, se rendre impur	הִטַּמֵּא	29
être, exister	הָיָה	17
bien faire, faire du bien	הֵיטִיב (יָטַב)	47
palais, temple	הֵיכָל ז' ou נ'	11
gémir, hurler, se lamenter	הֵילִיל (יָלַל)	47
aller à droite	הֵימִין (יָמַן)	47
exterminer, ruiner, retirer	הִכְרִית	31
aller, marcher	הָלַךְ ou יָלַךְ	42
louer, célébrer	הִלֵּל	33
faire, établir roi	הִמְלִיךְ	31
être établi roi	הָמְלַךְ	32
se cacher	הִסְתַּתֵּר	29
faire passer, faire traverser	הֶעֱבִיר	34
faire monter	הֶעֱלָה	43
être placé, être présenté	הָעֳמַד	34
placer, établir, affermir	הֶעֱמִיד	34

retourner, détruire	הָפַךְ	35
destruction	הֲפֵכָה נ׳	35
se justifier	הִצְטַדֵּק	29
délivrer, sauver	הִצִּיל (נָצַל)	38
être sauvé	הֻצַּל (נָצַל)	38
dresser, établir, ériger, relever	הֵקִים (קוּם)	40
faire approcher, présenter	הִקְרִיב	31
montagne	הַר ז׳ הָרִים	7
beaucoup	הַרְבֵּה	17
tuer, assassiner	הָרַג	16
concevoir, être enceinte	הָרָה	43
rassasier	הִשְׂבִּיעַ	31
faire demeurer	הִשְׁכִּין	31
faire entendre, annoncer	הִשְׁמִיעַ	36
se garder	הִשְׁתַּמֵּר	29
être en deuil, être désolé	הִתְאַבֵּל	33
s'être béni	הִתְבָּרֵךְ	35
se découvrir, se mettre à nu	הִתְגַּלָּה	42
être loué, se louer	הִתְהַלֵּל	29
louer, confesser	הִתְוַדָּה (יָדָה)	46
se faire connaître	הִתְוַדַּע (יָדַע)	46
entrer en procès	הִתְוַכַּח (יָכַח)	46
s'élever contre	הִתְקוֹמֵם (קוּם)	40

	ו	Leçon
et	וְ	8

	ז	Leçon
victime, sacrifice	זֶֽבַח ז׳	22
immoler, sacrifier	זָבַח	35
celui-ci, celle-ci, ce, cette	זֶה, זֹאת	11
or	זָהָב ז׳	36
mâle (masculin)	זָכָר	5
se souvenir	זָכַר	25
cri, plainte, supplication	זְעָקָה נ׳	26
vieux	זָקֵן	17
être vieux, devenir vieux	זָקֵן	34
redresser, relever	זָקַף	23
bras	זְרוֹעַ נ׳	44
semence, descendance	זֶֽרַע ז׳	17

	ח	Leçon
Hébron	חֶבְרוֹן	13
fêter, célébrer une fête	חָגַג	44
nouveau	חָדָשׁ	5
mois	חֹדֶשׁ ז׳ חֳדָשִׁים	7
voir, avoir des visions	חָזָה	23
être fort, être dur	חָזַק	34
fort	חָזָק	5
fortifier, endurcir, réparer	חִזֵּק	27
Ezéchias	חִזְקִיָּֽהוּ et חִזְקִיָּה	22
manquer, pécher	חָטָא	37
péché	חַטָּאת נ׳	44

vivant	חַי	29
bête, animal	חַיָּה	32
vivre, rester en vie	חָיָה	43
vie	חַיִּים ז׳ ר׳	16
force, armée	חַיִל ז׳	9
sage	חָכָם, חֲכָמִים	11
sagesse	חָכְמָה נ׳	19
graisse	חֵלֶב ז׳	44
frappé, blessé, tué	חָלָל ז׳	21
violer, profaner	חִלֵּל	27
âne	חֲמֹר et חֲמוֹר ז׳	21
cinq	חָמֵשׁ נ׳	18
cinq	חֲמִשָּׁה ז׳	18
faire grâce, compatir	חָנַן	44
bienveillance, bonté, grâce	חֶסֶד ז׳	7
être privé, manquer	חָסֵר	34
grâce, faveur	חֵן ז׳	22
vouloir, désirer, aimer	חָפֵץ	34
cour	חָצֵר ז׳ ou נ׳	21
rechercher, examiner, sonder	חָקַר	34
usage, loi, droit	חֹק ז׳ חֻקִּים	25
glaive, épée	חֶרֶב נ׳ חֲרָבוֹת	16
ceinture	חֵשֶׁב ז׳	22
désir, délices	חֵשֶׁק ז׳	22
coutume, loi	חֻקָּה נ׳	20

	ט	Leçon
bon	טוֹב	5
être bon, être agréable	טוֹב	40

	י	Leçon
être sec, devenir sec	יָבֵשׁ	47
main	יָד נ׳ יָדַיִם	5
savoir, connaître	יָדַע	9
Juda	יְהוּדָה	7
Yahvé, l'Eternel, le Seigneur	יהוה	12
Josué	יְהוֹשֻׁעַ et יְהוֹשׁוּעַ	29
Joab	יוֹאָב	19
jour	יוֹם ז׳ יָמִים	7
nourrisson	יוֹנֵק ז׳	31
Joseph	יוֹסֵף	27
être uni, s'unir	יָחַד	45
ensemble	יַחְדָּו et יַחְדָּיו	29
unique (singulier)	יָחִיד	5
être bon, plaire	יָטַב	47
vin	יַיִן ז׳	5
pouvoir	יָכֹל	45
enfanter, engendrer	יָלַד	10
enfant	יֶלֶד ז׳ יְלָדִים	7
mer	יָם ז׳ יַמִּים	30
la droite	יָמִין	29
sucer, téter	יָנַק	47
sortir	יָצָא	9

demeurer	יָצַב	47
placer	יָצַג	47
Isaac	יִצְחָק	7
étendre	יָצַע	47
verser	יָצַק	47
former	יָצַר	47
allumer	יָצַת	47
s'éveiller	יָקַץ	47
rare, précieux	יָקָר	17
craindre, avoir peur	יָרֵא	45
descendre, tomber, déchoir	יָרַד	30
Jérusalem	יְרוּשָׁלַיִם	5
hériter, posséder, prendre possession	יָרַשׁ	45
il y a, il est	יֵשׁ (יֶשׁ)	24
habiter, être assis, demeurer	יָשַׁב	11
placer, établir	יִשֵּׁב	46
délivrance, salut	יְשׁוּעָה נ׳	44
Isaïe	יְשַׁי	17
droit	יָשָׁר	5
être droit, marcher droit	יָשַׁר	47
Israël	יִשְׂרָאֵל	12

	כ	Leçon
comme, selon, d'après, environ	כְּ	10
comme, autant que	כַּאֲשֶׁר	20
lourd, être lourd	כָּבֵד	44
honneur, gloire	כָּבוֹד ז׳	14

agneau	כֶּבֶשׂ ז׳ כְּבָשִׂים	7
ainsi, de cette manière	כֹּה	24
prêtre	כֹּהֵן ז׳ כֹּהֲנִים	8
car, que, parce que	כִּי	12
tout	כֹּל (כָּל-)	15
ustensile, vase, instrument	כְּלִי ז׳ כֵּלִים	30
comme	כְּמוֹ	24
ainsi, de cette manière	כֵּן	26
Canaan	כְּנַעַן	13
Cananéen	כְּנַעֲנִי	46
trône, siège	כִּסֵּא ז׳ כִּסְאוֹת	9
argent	כֶּסֶף ז׳	39
plier, courber	כָּפַף	23
plante du pied	כַּף רֶגֶל נ׳	39
être pardonné, être expié	כֻּפַּר	28
expier	כִּפֵּר	28
chérubin	כְּרוּב ז׳	6
vigne, vignoble	כֶּרֶם ז׳ כְּרָמִים	8
couper	כָּרַת	14
faire alliance	כָּרַת בְּרִית	14
Les Chaldéens, la Chaldée	כַּשְׂדִּים	32
écrire	כָּתַב	12

	ל	**Leçon**
à, vers, pour	לְ	10
ne ... pas	לֹא	14
cœur	לֵב ou לֵבָב ז׳ לְבוֹת	19

seul, seulement	לְבַד	45
Laban	לָבָן	25
table (sur laquelle on écrit)	לוּחַ ז׳ לֻחֹת	25
Lot	לוֹט	17
lutter, combattre	לָחַם	18
pain, nourriture	לֶחֶם ז׳	8
nuit	לַיְלָה ז׳ לֵילוֹת	6
apprendre, étudier	לָמַד	12
enseigner	לִמֵּד	27
pourquoi ?	לָמָה, לָמָּה, לָמֶה	30
à cause de, en faveur de	לְמַעַן	24
devant, avant	לִפְנֵי	24
saisir, prendre	לָקַח	39
au-devant de	לִקְרַאת	24

	מ	Leçon
très	מְאֹד	11
cent	מֵאָה	25
nourriture, vivres	מַאֲכָל ז׳	43
mépriser, rejeter	מָאַס	19
deux cents	מָאתַיִם	25
désert	מִדְבָּר ז׳	26
mesurer	מָדַד	21
quoi, qu'est-ce que ?	מַה, מָה, מֶה	14
réunion, rencontre, fête	מוֹעֵד ז׳	31
la mort	מָוֶת ז׳	14
mourir, périr	מוּת	40

autel	מִזְבֵּחַ ז׳ מִזְבְּחוֹת	9
le lendemain, demain	מָחָר	39
bâton, sceptre	מַטֶּה ז׳ ou נ׳ מַטּוֹת	18
qui ?	מִי	12
eau	מַיִם ז׳ ר׳	6
vendre	מָכַר	26
emplir, remplir	מָלֵא	37
mission, travail, ouvrage	מְלָאכָה נ׳	31
ce qui remplit	מְלוֹא et מְלֹא ז׳	35
régner, être roi	מָלַךְ	24
roi	מֶלֶךְ ז׳ מְלָכִים	8
reine	מַלְכָּה נ׳	22
règne, royaume	מַלְכוּת נ׳	32
règne, royaume	מַמְלָכָה נ׳	36
de	מִן	10
présent, offrande	מִנְחָה נ׳	42
tribut	מַס ז׳	41
de la part de, d'entre	מֵעִם	17
œuvre, ouvrage, acte	מַעֲשֶׂה ז׳	42
trouver	מָצָא	13
commandement	מִצְוָה נ׳ מִצְוֹת	10
front	מֵצַח ז׳	43
Égyptien	מִצְרִי	45
l'Égypte	מִצְרַיִם	42
lieu, endroit	מָקוֹם ז׳ ou נ׳ מְקוֹמוֹת	42
Moïse	מֹשֶׁה	11
oindre, sacrer	מָשַׁח	15

oint, messie	מָשִׁיחַ	45
jugement, droit	מִשְׁפָּט ז׳	6

	נ	Leçon
particule d'insistance (déprécative)	נָא	20
parole, ce qui est dit, oracle	נְאֻם ז׳	28
fidèle	נֶאֱמָן	11
prophète	נָבִיא ז׳	16
midi, sud	נֶגֶב	30
en face, vis-à-vis, devant	נֶגֶד	24
être à découvert, se révéler	נִגְלָה	42
toucher, atteindre	נָגַע	38
s'approcher, s'avancer	נָגַשׁ	38
fleuve	נָהָר ז׳ נְהָרוֹת et נְהָרִים	19
être connu, être reconnu	נוֹדַע (יָדַע)	46
naître	נוֹלַד (יָלַד)	46
rester, demeurer	נוֹתַר (יָתַר)	46
Noé	נֹחַ	12
torrent, fleuve, cours d'eau	נַחַל ז׳	34
partage, héritage	נַחֲלָה נ׳	15
consoler, soulager	נִחַם	35
serpent	נָחָשׁ ז׳	37
laisser, délaisser	נָטַשׁ	38
être assujetti, être vaincu	נִכְבַּשׁ	32
Néko	נְכֹה et נְכוֹ	32
être fondé, être préparé, être prêt	נָכוֹן (כוּן)	40
biens, richesses	נְכָסִים ז׳ ר׳	14

combattre, se faire la guerre	נִלְחַם	29
garçon, serviteur	נַעַר ז'	21
tomber	נָפַל	23
souffle, âme	נֶפֶשׁ נ' ou ז' נְפָשׁוֹת	6
être sauvé, se sauver	נִצַּל (נָצַל)	38
femelle (féminin)	נְקֵבָה	6
s'assembler	נִקְהַל	32
lumière, lampe	נֵר ז' נֵרוֹת	10
lever, s'élever	נָשָׂא	38
jurer	נִשְׁבַּע	29
être gardé, prendre garde	נִשְׁמַר	26
être jugé, exercer la justice	נִשְׁפַּט	26
donner, livrer, mettre	נָתַן	9
être donné, être livré	נִתַּן (נָתַן)	39

	ס	Leçon
entourer, tourner, faire le tour	סָבַב	13
autour	סָבִיב	24
les alentours, autour	סְבִיבוֹת נ' ר' ou	21
cheval	סוּס ז'	9
appuyer, mettre, soutenir	סָמַךְ	23
raconter, publier	סִפֵּר	27
lettre, livre	סֵפֶר ז' סְפָרִים	7

	ע	Leçon
servir, travailler, rendre un culte	עָבַד	34
serviteur, esclave	עֶבֶד ז' עֲבָדִים	17

travail, ouvrage, service	עֲבֹדָה נ׳	44
passer, transgresser	עָבַר	15
veau	עֵגֶל ז׳ עֲגָלִים	28
jusque, jusqu'à	עַד	9
témoin, témoignage	עֵד ז׳	41
assemblée, communauté	עֵדָה נ׳	23
holocauste, degré	עוֹלָה et עֹלָה נ׳	41
éternité, siècle	עוֹלָם ז׳	17
jeune enfant	עוֹלֵל et עֹלֵל ז׳	31
péché, faute	עָוֹן ז׳ עֲוֹנוֹת	28
chèvre	עֵז נ׳	41
abandonner, délaisser	עָזַב	45
Azgad	עַזְגָּד	13
secourir, aider, assister	עָזַר	23
couronne, diadème	עֲטָרָה נ׳	36
œil	עַיִן נ׳ עֵינַיִם	8
ville	עִיר נ׳ עָרִים	6
sur	עַל	12
monter	עָלָה	15
peuple	עַם ז׳ ou נ׳ עַמִּים	6
avec	עִם	14
se tenir debout	עָמַד	11
vallée	עֵמֶק ז׳	22
répondre	עָנָה	16
humble, doux	עָנָו	11
nuage, nuée	עָנָן ז׳ עֲנָנִים	8
oiseau	עוֹף ז׳	32

Lexique Hébreu – Français

poussière	עָפָר ז׳	30
arbre	עֵץ ז׳	6
os	עֶצֶם ז׳ et נ׳	36
peau	עוֹר ז׳ עוֹרוֹת	8
Araba, lieu aride	עֲרָבָה נ׳	16
faire, agir	עָשָׂה	31
Esaü	עֵשָׂו	28
riche, le riche	עָשִׁיר ז׳	17
richesse	עֹשֶׁר ז׳	14
dix	עֶשֶׂר נ׳	15
dix	עֲשָׂרָה ז׳	15
vingt	עֶשְׂרִים	25
temps, époque	עֵת נ׳ ou ז׳ עִתִּים	6

	פ	Leçon
bouche, ordre	פֶּה ז׳	21
ici	פֹּה	12
se tourner	פָּנָה	30
visage, face	פָּנִים ז׳ ר׳	19
chercher, visiter, intervenir	פָּקַד	29
taureau	פַּר ז׳ פָּרִים	7
mulet	פֶּרֶד ז׳	21
fruit	פְּרִי ז׳	37
Pharaon	פַּרְעֹה	27
crime, transgression	פֶּשַׁע ז׳	44

	צ	Leçon
menu bétail, chèvres	צֹאן ז' ou נ'	17
armée	צָבָא ז' צְבָאוֹת	15
juste	צַדִּיק	8
droiture, justice	צֶדֶק ז'	22
droiture, justice	צְדָקָה נ'	8
commander, ordonner	צִוָּה	43
pierre, rocher	צוּר ז'	15
Sion	צִיּוֹן	9
nord	צָפוֹן נ' ou ז'	6

	ק	Leçon
rassembler, recueillir	קָבַץ	20
enterrer	קָבַר	33
saint	קָדוֹשׁ	12
l'est, l'orient	קֶדֶם	30
Cédron	קִדְרוֹן	45
sainteté	קֹדֶשׁ ז'	20
être pur, être saint	קָדַשׁ	27
sanctifier, consacrer	קִדֵּשׁ	27
être sanctifié, être consacré	קֻדַּשׁ	28
assemblée, multitude	קָהָל ז'	20
voix	קוֹל ז' קוֹלוֹת	6
se lever	קוּם	13
tuer, assassiner	קָטַל	13
petit	קָטָן et קָטֹן	21
mur	קִיר ז' קִירוֹת	8

		Leçon
être léger, diminuer	קָלַל	44
relever, rebâtir	קוֹמֵם (קוּם)	40
se lever	קָם (קוּם)	28
roseau, tige d'épis	קָנֶה ז'	13
acquérir, acheter	קָנָה	20
fin, extrémité, bout	קָצֶה ז' (קְצֵה-)	40
appeler, invoquer, lire	קָרָא	37
proche	קָרוֹב	11
dur, rude, inflexible	קָשֶׁה	43

	ר	Leçon
voir	רָאָה	9
tête, chef	רֹאשׁ ז' רָאשִׁים	18
premier	רִאשׁוֹן ז'	36
première	רִאשׁוֹנָה נ'	36
grand, puissant	רַב	46
dix mille	רִבּוֹ	33
vingt mille	רִבֹּתַיִם	33
nombreux	רַבִּים	6
quatrième	רְבִיעִי ז'	39
quatrième	רְבִיעִית נ'	39
pied	רֶגֶל נ' רַגְלַיִם	6
lancer des pierres, lapider	רָגַם	23
suivre, poursuivre	רָדַף	20
souffle, vent, esprit	רוּחַ נ'	24
Ruth	רוּת	12
mauvais	רַע	6

mal, malheur	רַע ז׳	33
faim, famine	רָעָב ז׳	43
mal, malheur, méchanceté	רָעָה נ׳	31
être mal, être mauvais, déplaire	רָעַע	44
faveur, plaisir, volonté	רָצוֹן ז׳	41

	ש	Leçon
Saül	שָׁאוּל	8
séjour des morts	שְׁאוֹל ז׳ ou נ׳	14
demander	שָׁאַל	14
retourner, revenir	שָׁב (שׁוּב)	30
bâton, tribu	שֵׁבֶט et שֶׁבֶט ז׳ שְׁבָטִים	13
épi	שִׁבֹּלֶת נ׳ שִׁבֳּלִים	13
sept	שֶׁבַע נ׳	23
sept	שִׁבְעָה ז׳	23
Sabbat	שַׁבָּת נ׳ ou ז׳ שַׁבָּתוֹת	27
champ, campagne	שָׂדֶה ז׳ שָׂדוֹת	8
être restauré, reconstitué	שׁוֹבֵב (שׁוּב)	40
gardien, sentinelle	שׁוֹמֵר ז׳	21
cri, plainte	שַׁוְעָה נ׳	16
juge	שׁוֹפֵט ז׳	21
cor, trompette	שׁוֹפָר ז׳	19
adversaire, accusateur	שָׂטָן	30
chanter	שִׁיר	40
cantique, chant	שִׁיר ז׳	12
poser, mettre	שִׂים	40
demeurer, séjourner	שָׁכַן	9

paix	שָׁלוֹם ז׳	8
envoyer	שָׁלַח	10
table	שֻׁלְחָן ז׳ שֻׁלְחָנוֹת	6
payer, récompenser	שִׁלֵּם	28
être payé, être récompensé	שֻׁלַּם	28
trois	שָׁלֹשׁ נ׳	15
trois	שְׁלֹשָׁה ז׳	15
troisième	שְׁלִישִׁי ז׳	39
troisième	שְׁלִישִׁית נ׳	39
là, y, en cet endroit	שָׁם	9
nom	שֵׁם ז׳ שֵׁמוֹת	6
Samuel	שְׁמוּאֵל	8
nouvelle, annonce	שְׁמוּעָה נ׳	38
être gai, se réjouir	שָׂמֵחַ et שָׂמַח	20
joie, cris de joie, plaisir	שִׂמְחָה נ׳	41
ciel, cieux	שָׁמַיִם ז׳ ר׳	15
graisse, huile	שֶׁמֶן ז׳	37
huit	שְׁמֹנָה ז׳	17
huit	שְׁמֹנֶה נ׳	17
entendre, écouter	שָׁמַע	9
convoquer, assembler	שִׁמֵּעַ	36
Chiméi	שִׁמְעִי	45
Samson	שִׁמְשׁוֹן	47
garder, observer	שָׁמַר	12
Samarie	שֹׁמְרוֹן	8
haïr, prendre en aversion	שָׂנֵא	37
année	שָׁנָה נ׳ שָׁנִים	6

deuxième	שֵׁנִי ז׳	37
deux	שְׁנַיִם ז׳	11
deuxième	שֵׁנִית נ׳	37
lèvre, langue	שָׂפָה נ׳ ז׳ ou שְׂפָתוֹת	13
juger, décider, faire justice	שָׁפַט	9
verser, répandre	שָׁפַךְ	16
daman, lapin	שָׁפָן ז׳	21
mensonge, fausseté	שֶׁקֶר ז׳	27
prince, grand, maître	שַׂר ז׳ שָׂרִים	21
brûler	שָׂרַף	22
se réjouir	שָׂשׂ (שִׂישׂ et שׂוּשׂ)	26
boire	שָׁתָה	25
deux	שְׁתַּיִם נ׳	11

	ת	Leçon
paille	תֶּבֶן ז׳	24
milieu	תָּוֶךְ ז׳ (תּוֹךְ-)	32
tourterelle	תֹּר et תּוֹר ז׳ ou נ׳	26
loi	תּוֹרָה נ׳	6
sous, à la place de	תַּחַת	11
prière, supplication	תְּפִלָּה נ׳	41
don, présent, offrande	תְּרוּמָה נ׳	41
neuf	תֵּשַׁע נ׳	16
neuf	תִּשְׁעָה ז׳	16

Bibliographie

HADAS-LEBEL, Mireille, 1992, *L'hébreu : 3 000 ans d'histoire*, Paris, Albin Michel.

JOÜON, Paul, 1923, *Grammaire de l'hébreu biblique*, Rome, Institut biblique pontifical.

LAMBDIN, Thomas, 2008, *Introduction à l'hébreu biblique*, Traduit de l'anglais, Lyon France, Profac.

LETTINGA, Jan P., 1999, *Grammaire de l'hébreu biblique*, Traduit du néerlandais, Leiden Pays-Bas, Brill.

LIEUTAUD, Isabelle, 2007, *Lire l'hébreu biblique*, Boissy-Saint-Léger, Bibliques Editions.

PEGON, Dany, 1999, *Cours d'Hébreu Biblique*, Institut Biblique de Nogent, Excelsis.

VAN PELT, Miles et PRATICO, Gary, 2003, *The vocabulary guide to Biblical Hebrew*, Michigan USA, Zondervan.

WEINGREEN, J., 1984, *Hébreu biblique, méthode élémentaire*, Paris, Beauchesne.

www.ingramcontent.com/pod-product-compliance
Lightning Source LLC
Chambersburg PA
CBHW080549230426
43663CB00015B/2770